Todos los libros de Linkgua Ediciones cuentan con modelos de Inteligencia Artificial entrenados por hispanistas. Pregúntale al chat de tu libro lo que desees acerca de la obra o su autor/a.

Para ebooks: Accede a nuestro modelo de IA a través de este enlace.

Para libros impresos: Escanea el código QR de la portada con tu dispositivo móvil.

Obtén análisis detallados de nuestros libros, resúmenes, respuestas a tus preguntas y accede a nuestras ediciones críticas generativas para una experiencia de lectura más enriquecedora.
La transparencia y el respeto hacia la autoría de las fuentes utilizadas son distintivos básicos de nuestro proyecto. Por ello, las respuestas ofrecen, mediante un sistema de citas, las fuentes con las que han sido elaboradas.

Fray Luis de León

Antología

Barcelona 2024
Linkgua-ediciones.com

Créditos

Título original: Antología.

© 2024, Red ediciones S.L.

e-mail: info@linkgua.com

Diseño de la colección: Michel Mallard.

ISBN rústica ilustrada: 978-84-9953-153-3.
ISBN tapa dura: 978-84-9007-201-1.
ISBN ebook: 978-84-9897-012-8.

Sumario

Brevísima presentación

La vida

Fray Luis de León (Belmonte, Cuenca, 1527-Madrigal de las Altas Torres, Ávila, 1591). España.

De familia ilustre con ascendientes judíos, Luis Ponce de León estudió en Alcalá de Henares y Toledo antes de ingresar como novicio en el convento salmantino de San Agustín. Participó en las polémicas que enfrentaban a dominicos y agustinos en la universidad de Salamanca. Frente al tomismo conservador de los primeros, postuló el análisis de las fuentes hebreas en los estudios bíblicos. Cuando se difundió su traducción al castellano del Cantar de los cantares a partir del hebreo, fue acusado de infringir la prohibición del Concilio de Trento, que estableció como oficial la versión latina de san Jerónimo. Procesado por la Inquisición, estuvo encarcelado entre 1572 y 1577, al final fue declarado inocente y pudo volver a sus clases. Hombre vehemente, sufrió otra amonestación inquisitorial en 1584. Tuvo las cátedras de filosofía y estudios bíblicos, y poco antes de su muerte, en 1591, fue nombrado provincial de la orden agustina en Castilla. Dominaba el griego, el latín, el hebreo, el caldeo y el italiano. Fue admirado por Cervantes (que lo llamó «ingenio que al mundo pone espanto»), por Lope de Vega que escribió:

«Tu prosa y verso iguales
conservarán la gloria de tu nombre»

y sobre todo por Francisco de Quevedo (quien lo conside-
ró el «mejor blasón de la habla castellana»).

Antología

Respuesta de fray Luis de León estando preso en la cárcel

[Sobre la Exposición del Cantar de los Cantares.]

(...) donde hay alguna mayor dificultad, y yo quisiera pasar con silencio por él; porque no sé si hallaré palabras convenientes para declarar lo que siento. Mas pues la fuerza e injuria de mis enemigos me compele a ello, perdonarme han las orejas honestas y religiosas, si para mi debida y necesaria defensa se levantare el velo con que San Jerónimo quiso encubrir la vergüenza, que a su parecer halló en este lugar; y si hablare de las cosas, que la naturaleza hizo para fin honesto, con palabras usadas; las cuales, si el uso vicioso las entorpece, el juicio limpio y que trata de solo el conocimiento de la verdad las limpia. Porque a los limpios y buenos, que no pervirtieron en nada el natural uso, todo lo natural les es limpio, y solo el vicio, que es desorden de la naturaleza, les ofende.

Pues digo que San Jerónimo puso este rodeo de palabras: Praeter id, quod intrinsecus latet, en lugar de lo que en el hebreo se dice con sola una, la cual es tsamatech. Y yo tratando de ello en este mi libro, digo que no sé por qué causa quiso San Jerónimo usar de aquel rodeo, y dar a entender que tsamatech quiere decir hermosura encubierta, habiendo él mismo en Isaías, en el capítulo 47, donde está la misma palabra hebrea, trasladado por ella torpeza y fealdad. Y así, sin declararme más, añado que aquella palabra quiere decir también cabellos, o lo que propiamente llamamos en castellano en las mujeres copetes o canaladores. Y siguiendo esta significación, digo que bien viene para el loor, que allí el Esposo pretende dar a los ojos de la Esposa, decir que son hermosos entre sus cabellos; porque de ordinario algunos de ellos, que se desordenan de la orden y asiento, que el artificio del tocado y trenzado pone en los otros, caen sobre la frente, y meneados del aire y movimiento, andan como jugando sobre los ojos; y así cubriendo a veces y descubriendo sus luces, les son causa que parezcan mejor. Esto dije allí, y no quise descubrir más la llaga porque no era para aquel lugar, ni para la persona a quien se escribía aquel libro; y lo que callé allí, diré aquí, adonde hablo con los hombres buenos y doctos.

Y lo primero de todo digo que, de cualquiera de las dos maneras sobredichas que traslademos aquel lugar, ora digamos: Hermosos son tus ojos, de más, y allende lo escondido, o entre tus cabellos; en substancia es la misma sentencia, y por todas parece se consigue lo mismo que allí el Espíritu Santo pretende, que es loar la hermosura de los ojos de la Esposa. Y si estas razones en algo se diferencian, toda la diferencia de ellas no importa un cabello. Y, siendo esto así, decir que por ello me aparto de la Vulgata es pura calumnia, pues no me aparto en cosa que me importe; ni lo que allí yo digo es propiamente desechar el texto latino, sino declararle y como reducirle a su significación con declarar una palabra y como con mudar una sola letra.

Lo segundo digo (y perdóneme el que lo oyere, que ni lo sé decir ni se puede decir de otra manera); pues digo que San Jerónimo entendió que la palabra hebrea tsamatech, que habemos dicho, era el nombre propio con que en aquella lengua se nombran las vergüenzas de la mujer, como en castellano tienen su nombre, y en latín el suyo; y porque no se atrevió a trasladarlo en latín por su vocablo, por no ofender los oídos, usó de rodeo y dijo como vemos: Demás de lo que está allá escondido. Y siguió en ello a Símaco, que entendió lo mismo y se aprovechó también para trasladarlo del mismo artificio de significar, por muchas palabras encubiertas honestamente, lo que dicho por la suya propia era deshonesta. Y así trasladó: Hermosos son los ojos, demás de lo que se calla. Este parecer de San Jerónimo acerca de este lugar y palabra, yo confieso que ni me cuadró cuando escribía aquel libro ni me satisface agora.

Y, lo primero, mostraré que San Jerónimo dice esto, y que yo no se lo levanto; y lo segundo, diré las causas que tengo para estar poco contento.

Y, cuanto a lo primero, séase él testigo de sí mismo, que en los Comentos sobre Isaías, en el capítulo 47, verso segundo, alegado en el libro XIII, dice así:

In eo, ubi nos interpretati sumus denuda turpitudinem tuam, pro quo septuaginta transtulerunt apocalypse to calymma, id est, revela operimentum; Theodotio ipsum verbum hebraicum posuit tetsamatech; Aquila, tsamatech; Simachus, en siopesin sou, quod nos exprimere possumus, taciturnitatem tuam, quod taceri debeat prae verecundia. Quod quidem et in Cantico Canticorum legimus, ubi Sponsae pulchritudo describitur, ad extremum infert: Absque taciturnitate tua; nolentibus, qui interpretati sunt, transferre nomen, quod in sancta Scriptura sonaret turpitudinem. Y un poco más abajo: Disputant Stoici multa re turpia, prava hominum consuetudine, verbis honesta esse: ut parricidium, adulterium, homicidium incestum, et caetera his similia. Rursumque re honesta, nominibus videri turpia, ut liberos procreare, inflationem ventris crepitu digerere, alvum relevare stercore, vexicam urinae effusione laxare; denique non posse nos, ut dicimus, a ruta rutulam, sic ypocoristicon a menta facere. Ergo tsamatech, quod Aquila posuit, ut diximus, verenda mulieris appellantur; cuius ethymologia apud eos sonat, sitiens tuus, et inexpletam Babylonis indicet voluptatem.

De las cuales palabras se colige claro de San Jerónimo, lo uno, que entiende que esta palabra hebrea es el nombre en que en aquella lengua se llaman las partes deshonestas de la mujer; lo otro, que confiesa que en los Cantares esta palabra la puso el Espíritu Santo en la misma significación; lo tercero y lo último, que él y Símaco, por servir al respeto que se debe a la Santa Escritura, no le trasladaron con otra tal palabra latina o griega, sino que dijo por rodeo, el uno, demás de lo que se calla, o demás del silencio; y el otro, demás de lo que está escondido.

Resta decir agora el porqué siempre me desagradó este parecer, el cual creo yo que agradará a pocos buenos juicios. Porque, siendo este Cantar, como es, espiritual y dictado por Dios para la salud y aprovechamiento del alma, ¿cómo se sufre que en él se nombren partes tan vergonzosas con nombres tan descubiertos, o por mejor decir, tan deshonestos? Y si a San Jerónimo y a Símaco les parecía cosa indecente y que no se pudiera sufrir ponerlo por su nombre en latín, ¿cómo pudieron creer y persuadirse que en hebreo lo había puesto por su nombre el Espíritu Santo? ¿Era menos deshonesto, o menos peligroso, o menos indecente decirse en hebreo a los hebreos, que en latín a los latinos y en griego a los griegos? ¿O quiso el Espíritu Santo que tuviese San Jerónimo más respeto a las orejas de Roma que él tuvo a los oídos de la gente hebrea, donde le leían todos los santos y siervos de Dios, hebreos? Demás de esto, si esta mujer de quien se trata en este Cantar es la Iglesia, como lo es en la verdad, ¿cuál será en la Iglesia el tsamatech? Que, si son los oídos por los cuales se concibe en las almas fieles la palabra de Dios, no es menester nombrarlos por metáfora y rodeos asquerosos, pues tenían su nombre limpio y gentil.

Me dirán, por dicha, que el hilo del decir y la orden de lo que se iba platicando le forzó a Salomón a hacer memoria de aquella parte encubierta. Ninguna cosa va más fuera de camino. Trataba Salomón de loar la hermosura de la Esposa y su gentileza, particularizando sus facciones todas, y había comenzado por la cabeza; y en llegando a los ojos, sin poderse más sufrir (dejando tantas en medio, que pueden ser sujeto de extremada belleza, como son frente, nariz, boca, labios, cuello, pechos y manos), hizo salto tan peligroso; y así, tornándolo a repetir tres veces, como lo repite, en los ojos y sienes y mejillas, que son lo que cubren los cabellos. ¡Cosa es aquélla para se repetir, como intercalar limpieza!

Si en algún tiempo la consecuencia de la razón obligaba a la memoria de este nombre, era cuando, en el capítulo 7, tornando a loar a la Esposa de bella, comienza Salomón desde los pies y sube a las piernas, y de allí a los muslos y llega al vientre, y sube hasta los pechos, y, finalmente, no para hasta lo más alto de la cabeza; y allí, como se ve, no lo nombra. Pues si diciendo de los muslos, trata luego Salomón del vientre y ombligo, y pasa callando por lo que naturaleza tiene cubierto, ¿es verosímil que lo nombra y predica cuando anda ocupado en pintar la cara hermosa, y no pasa aún de los ojos? ¿Qué tienen que ver los ojos, que resplandecen en la cara, con la torpeza que esconden las piernas? ¿O qué consonancia o consecuencia puede haber entre cosas tan apartadas y diferentes, para que la mención hecha de lo uno lleve a lo otro la lengua y la memoria?

Mayormente que ¿quién jamás vio que en cuento de hermosura se hiciese cuenta de cosa semejante? ¿O cómo es posible que tenga parte de hermosura lo que naturaleza, por feo, encubre en el más secreto rincón de la casa? ¿O cómo se puede creer que el Espíritu Santo quiso hacer público y patente en su libro lo que con tanta diligencia escondió y no quiso que se pareciese en el cuerpo?

Mas ¿para qué digo del Espíritu Santo? No quiero que este libro sean palabras de Dios, ni digo que se traten en él cosas del cielo, ni menos sea el que le escribió Salomón, rey sabio y profeta, sino sea una canción puramente enamorada, compuesta por un hombre cortesano. Pregunto: ¿en qué ley de mediano aviso se sufre que un galán diga, cantando, semejante requiebro a su dama? ¿Qué poeta jamás, ni griego ni latino, ni alguno de otra cualidad, usó de vocablos tan descubiertos? Ovidio, a quien los buenos juicios condenan por lascivo demasiadamente, cuando trata del otro que comedía consigo las hermosas figuras de la otra que iba huyendo, se alargó a decir: Et si quae latent meliora putat. Y esto sin que yo lo dispute, la misma razón nos dice que lo que aun en el secreto de la cama se dice mal, nadie lo puede decir en público y por escrito, sin gran torpeza y desorden.

Pero dirán: Si la palabra hebrea lo significa, ¿qué puede hacer San Jerónimo sino decir lo que era y vestirlo de palabras honestas, como lo hizo? A esto digo que no sé si la palabra hebrea tiene tal significación; mas, cuando la tuviese, tiene también otra muy diferente, porque significa los cabellos o aladares, como habemos dicho, y como lo enseñan los doctos en aquella lengua. Y así, teniendo esta palabra ambas significaciones, y viniendo la una con el propósito que allí se trata tan a pelo, y la otra tan a pospelo, no creo yo que habrá ningún censor, por injusto que sea, que condene mi parecer; o no confiese que, en cosa de tan poca importancia como ésta, algunas palabrillas de las que San Jerónimo en su traslación puso, reciben mejoría. Y esto cuanto a este lugar.

En aquellas palabras: Comae capitis tui, sicut purpura regis vincta canalibus, los Setenta Intérpretes trasladan, según que está apuntado en el hebreo: Sicut purpura rex ligatus in canalibus; y la letra hebrea recibe la una y la otra manera de trasladar. Y así yo declaro la una y la otra letra, aunque a la postre me allego más a la de los Setenta Intérpretes; la cual siguió y declaró toda la Iglesia antigua, porque al propósito que allí se trata conviene mejor.

Pero de cualquiera manera que sea, bien verán los hombres doctos que todo ello va a un mismo propósito, y que en substancia hace una misma sentencia, que es loar encarecidamente los hermosos cabellos de la Esposa. Porque si decimos: Sicut purpura regis vincta canalibus, es decir que son de la color de la púrpura, cuando está en los vasos donde se tiñe, que es cuando está más fina y más nueva; y los cabellos de esta color son hermosísimos, al juicio de las gentes de aquellas tierras. Y si leemos: Sicut purpura rex ligatus in canalibus, es decir que tienen el color sobredicho, y que con su hermoso color tienen como preso al Esposo, en la forma que yo declaro en aquella obrecilla mía. Y así por ambos caminos venimos solamente a decir que los cabellos de la Esposa son hermosísimos.

Lo último que me achacan está en el capítulo 6, verso 4, en aquellas palabras: Averte oculos tuos a me, quia ipsi me avalore fecerunt; donde dicen que digo que San Jerónimo trasladó lo que a él le pareció y no lo que halló en el hebreo. En lo cual, los que lo dicen muestran que aún no entienden romance. Porque las palabras formales que digo son éstas: «San Jerónimo y los Setenta trasladan que me hicieron volar; y otros, que ensoberbecieron; y los unos y los otros trasladan, no lo que hallan en la palabra hebrea, sino lo que parece a cada uno que quiere decir». En lo cual no digo que tradujeron mal, sino que tradujeron la palabra hebrea así como suena en su lengua, y no conforme al propósito a que se aplicaba, lo que cada uno entendió. Porque el sonido de la palabra es éste: hiciéronme sobrepujar; y así a unos pareció, como allí digo, que el sobrepujar era volar, y a otros que era ensoberbecerse; y a lo uno y a lo otro da ocasión la palabra original. Y yo lo declaro todo, y después muestro que aun así en el sonido que suena, sin discurrir ni filosofar más, hace sentido conveniente, si destrocamos las palabras y entendemos qué es decir sobrepujáronme.

Pues es claro y cierto que, si dice el Esposo que la Esposa con su vista le ensoberbece, esto es, le desvanece y saca de quicios, o le sobrepuja y hace fuerza, en todo ello y por cualquier manera de ello, dice y declara lo mismo, que es el poder que tenían en él los ojos de la Esposa, para, mirándole, hacerse señora de su corazón. No pueden decir que desecho la Vulgata, como dicen, sino que declaro, con lo que está sencillo en el original, la metáfora y figura de que usó la Vulgata. Ni menos tienen justicia en llamarme en esto atrevido, siendo lo que hago obra de hombre estudioso y diligente.

Pero es imposible que nadie contente a todos; harto es contentar a la mayor parte.

Y así, concluyendo toda esta razón, a Vms. suplico consideren de tanto número de hombres doctos y religiosos que, por espacio de diez años que anduvo en público este mi libro, le han visto y leído, cuántos más son los que le aprueban, pues los que le condenan son dos o tres solos. Y valga y pueda más en este juicio el sentido de tantos desapasionados que no el antojo de éstos, que, demás de ser pocos, son, como Vms. saben, enemigos míos. Los cuales, si hasta aquí engañosamente en el ministerio de Tribunal tan santo han vengado en mí sus pasiones, y, cuanto toca a lo particular de mi persona, me han destruido, ya de aquí adelante es tiempo que hable de la verdad y sea oída de Vmds.; y ya que yo no pueda ser reparado, que a lo menos ella lo sea. Porque su daño es mal común, y su reparo es honrar a Dios, que es Padre de la verdad y merecedor único de todo lo que de veras es honra y gloria.

En te phylace, 18 de diciembre de 1573.

Fray Luis de León.

Traducción y explicación del Salmo 41

Quemadmodum desiderat cervus, etc.

1. Como la cierva brama a los arroyos de las aguas, ansí mi alma brama a ti, Señor.

2. Sed tuvo el alma mía del Señor, del Fuerte, del Viviente. ¿Cuándo vendré y aparesceré ante las faces del Señor?

3. Fue mi lloro a mí pan de día y noche, en decirme cada día: ¿Dó es el Señor tuyo?

4. Acordéme de esto, y derramé mi alma en mí, de que anduve en compañía; anduve paso ante paso con ellos hasta la casa del Señor, en voz de alarido y de alabanza, y en estruendo de danzas.

5. ¿Por qué te encoges, por qué bramas en mí, alma mía? Espera en el Señor, que aun le agradescerá las saludes de las sus faces.

6. ¡Dios mío! Mi alma se encoge en mí, en ansí membrarme de ti en tierra del Jordán, y de Hermonim en el monte Mitzehar.

7. Un piélago vocea a otro piélago con voz de tus canales: todas tus avenidas y tus olas sobre mí han pasado.

8. Dios [habrá que] mandará Dios su misericordia, y [agora] en [esta] noche su cantar conmigo: oración [haré] a Dios de mi vida.

9. Diré a Dios: «Fortaleza mía, ¿por qué me olvidas? ¿Por qué me trae vestido de duelo el perseguirme el enemigo?».

10. Matador [cuchillo] en mis huesos es haberme escarnecido los mis enemigos, diciéndome cada día: ¿Dó es el Dios tuyo?

11. ¿Por qué te encoges, alma mía, y por qué bramas en mí?

12. Espera en el Señor, que aun le bendeciré, diciendo: «Salud es de la mi cara, y mi Señor».

Explicación

1. Como la cierva brama a los arroyos de las aguas, ansí mi alma brama a ti, Señor.

Muchas veces en los profetas se despertaba el espíritu de lo que acaso les sucedía; como aconteció a Samuel cuando, tirándole Saúl del manto, se le rasgó, y vuelto a él de improviso, le dijo: De la misma manera apartará Dios tu reino de ti. Y ansí lleva camino, que los bramidos de los ciervos, que con sed buscaban el agua y le venían a los oídos a David en aquel desierto donde andaba, levantaron su pensamiento para que mirase más en la grandeza de su deseo; y comparando la sed de los ciervos con su fatiga, conociese y dijese que no era menor ansia la suya, por volver a la casa de Dios, que la de los ciervos por el agua.

Demás de que es natural, cuando el ánimo de alguno arde en afición, todo lo que ve y se le ofrece, traerlo a su propósito, declarando y encareciendo con ello lo que siente. El original hebreo dice en ambas partes bramará, de tiempo futuro, de que los hebreos usan algunas veces en lugar del presente.

Los arroyos. La palabra hebrea significa el agua que desciende de lo alto con ímpetu y sonido, cuales eran las que corrían por donde an daba David, que como lugares en riscados y montuosos, se despeñaban de las cumbres con estruendo, y corrían con gran ligereza.

2. Sed tuvo el alma mía del Señor, del Fuerte, del Viviente; ¿cuándo vendré y paresceré ante las faces del Señor?

Dijo que bramaba por volver a la casa de Dios dice agora de que nacía éste su bramido, y es que tenía sed de Dios, como el ciervo del agua; en lo cual muestra que su deseo es muy grande. Porque la sed, ansí como cuando se enciende en el cuerpo, pasa de deseo y es una manera de rabia que no sufre tardanza, ansí en la Sagrada Escritura, cuando se pone en el ánimo y se dice de las cosas que se apetecen y consiguen con solo el espíritu, es encarecimiento de un deseo ardentísimo y que saca el alma de todos sus quicios. Como se puede entender de lo que dice Amós: Días vendrán, dice el Señor; enviaré hambre en la tierra; no hambre de pan, ni sed de agua, sino de oír la palabra del Señor. Y Cristo en el Evangelio: Bienaventurados son los que tienen hambre y sed de justicia.

Dice, pues, David que deseaba incomparablemente a Dios; esto es, verse restituido de su reino, y vuelto pacíficamente al lugar y casa donde le servía y honraba. Y de muchos nombres que da a Dios la Sagrada Escritura, nómbrale en este lugar señaladamente con tres diferentes, los cuales, según la lengua original, suenan Juez, y Fuerte, y Vivo; y esto porque, según el estado en que David estaba entonces, era lo que más había menester. La justicia de Dios, para que conociese del agravio que le había hecho Absalón, su hijo, rebelándose contra él; su fortaleza, para que con ella deshiciese las fuerzas de sus contrarios, que estaban muy pujantes; y el Señor Dios vivo, y, autor y fuente de vida, para que con ella sustentase la de David, a quien por mil partes cercaba y rodeaba la muerte. Y porque al deseo grande todo se le hace tarde, y por natural concierto tras desear mucho una cosa, se sigue luego el tratar

que se abrevie y se apresure el término de ella, por eso añade
diciendo: ¿Cuándo iré y paresceré ante las faces del Señor?
Esto es, ¿cuándo tornaré al lugar do se muestra como presente su divinidad, respondiendo a lo que se le pregunta, y
haciendo y recibiendo los servicios que con cantos solemnes
y con sacrificios se le hacen? El cual lugar era la casa y taber-
náculo adonde estaba el arca del señor.

3. Fue mi lloro a mí pan de día y noche en decirme cada día:
¿Dó es el Señor tuyo?

Dice otra cosa: que en aquel su destierro y en el deseo que tenía de verse fuera de él, le fatigaba mucho más que el mismo
deseo; y es que las gentes que le veían tan confiado de Dios y
tan desamparado de él, a lo que parecía, escarneciendo de su
fe como de pensamiento vano, le preguntaban qué se había
hecho de su Dios, y que si era aquél el galardón que le daba
por sus servicios.

Lo cual sentía el sancto Rey a par de muerte, ansí porque
ponían flaqueza en su fe, que era el fundamento en que es-
tribaba toda su restitución y remedio, como porque menos-
cababan el honor y reputación de Dios, condenándole o por
flaco o por desagradecido.

Y ansí dice: Aunque es incomparable el deseo de ti, Señor,
y aunque siento gravísimamente tu esencia; pero sin comparación es muy mayor el dolor que causa en mí el desacato
que se hace a tu honra cuando los hombres con sus desconfiadas preguntas quieren poner flaqueza en mi esperanza y
falta en tu verdad. Esto me atormenta y me quita el dormir
y el comer, y en lugar de dar reposo y sustento a mi cansado
cuerpo, me derrito en lágrimas de día y de noche.

Y tras esto, porque es cierto a los que están con pena y
dolor de alguna cosa, ofrecérseles luego al pensamiento mil
cosas, que les dan grande y nueva pena, y convertir en materia de más dolor todo lo que les viene delante, como el cuerpo
flaco y enfermo, que todo le duele y le ofende; por esa causa
al ánimo apasionado y como enconado de David, no solamente le fatigaban las palabras atrevidas de los otros, sino
también su misma memoria le ofendía y entristecía.

Y ansí dice:

4. Acordéme de esto, y derramé mi alma en mí, de que anduve en compañía; anduve paso ante paso con ellos hasta la
casa del Señor, en voz de alarido y alabanza, y estruendo de
danzas.

Este lugar se declara diferentemente. Algunos dicen que derramar el alma es ensanchar el corazón con gozo y alegría; y
que ansí David en este verso pone el remedio de que usaba
para aliviarse y consolarse, cuando más le apretaba el dolor
de sus trabajos; y el remedio era que, como él estaba confiado de Dios, que le había de restituir en su reino para alivio
del mal que de presente padecía, traía a la memoria y ponía
como delante de sus ojos aquel día. Y imaginábase ya cómo
entraba en Jerusalén, cercado de una suma innumerable de
gentes, parte que tenían con él, y parte que le salían a recibir,
y que todos le hacían gran fiesta; y que ansí acompañado con
todos —la que en tales casos solía hacer el regocijo público
y el deseo de contentar a su Rey—, iba al templo de Dios
a hacerle gracia por su restitución, y con este pensamiento
aliviaba su pena.

Esta sentencia no es de este lugar; porque el derramar el
ánima, o, como dice la lengua original, saphak naphes, en la

Sagrada Escritura no hace significación de alegría, sino de tristeza y compasión, que con su fuerza rompe el corazón y le deshace, como que le despide y le derrama por los ojos vuelto en lágrimas. Dice Jeremías en sus lloros hablando con los pocos que habían quedado vivos después de la destrucción de su pueblo: Vierte lágrimas como arroyos de día y de noche; no descanse ni calle tu niñeta; levántate de noche y lamenta la primera vela; derrama como agua tu corazón ante las faces del Señor; alza tus manos a Él por la muerte de tus pequeños, los cuales perecieron de hambre en las plazas y en las calles.

Y conforme a esto, David en todo lo que hasta agora se ha dicho en este lugar, también va por menudo haciendo memoria de sus males, los que en aquel destierro le atormentaban. Al principio dijo cuánta era su ansia por andar ausente de la casa de Dios y de su presencia; después añadió el dolor que le daban los que hacían burla de su confianza; agora dice cuánto le atormenta la memoria de su felicidad pasada, que, comparada con el estado y desventura presente, le era causa de gravísimo desconsuelo.

Y nasce lo uno de lo otro naturalmente, porque cierto es que la experiencia del mal que se padece, despierta la memoria del bien que se poseyó y ya no se posee; y ansí dice que, entre todas sus desventuras, le deshace el corazón y se le vierte por los ojos vuelto en abundantísimas lágrimas, el acordarse de cuanto seguramente poseía lo que agora perdidamente desea; de cuando en las fiestas que hacía a Dios, iba a su sancta casa, como se suele ir en semejantes fiestas; iba despacio, con concierto, dando loores a Dios con cantos y haciendo otras demostraciones de placer y regocijo, como son las representaciones y las danzas. Que es por una manera dolorosa comparar y cotejar el estado presente con el contento pasado, para que de esta comparación quede más encarecida su tristeza. Como si dijera: Rásgaseme el corazón con dolor cuando me acuerdo cuál fui y cuál soy. Solía yo ir a tu morada, que era mi descanso; agora estoy forzado a huir y a apartarme de ella. Iba entonces rodeado de infinita y muy alegre muchedumbre de gentes; agora los que me siguen son pocos y llorosos. Cantaba entonces; agora lloro. Celebraba tus loores y empleaba mi voz bendiciendo tus virtudes; agora mi oficio es ofender con mis dolorosas quejas a tus oídos.

Y porque diciendo esto parece que se anegaba va en un mar de tristeza, despierta la esperanza y resiste con ella al dolor que le llevaba casi de vencida, y vuelto sobre sí mismo, repréndese y esfuérzase, diciendo:

5. ¿Por qué te encoges, por qué bramas en mí, alma mía? Espera en el Señor, que aun le agradeceré las saludes de las sus faces.

Saludes de sus faces llama el favor de Dios, y su socorro en nuestras necesidades. Porque ansí como en los sucesos ásperos y trabajosos, y en el tiempo de la calamidad, Dios, a cuyo cargo está nuestra gobernación y defensa, parece que no nos mira ni se acuerda de nosotros, ansí cuando salimos libres de los peligros y nos suceden las cosas prósperamente, la Sagrada Escritura nos dice que nos mira con ojos de piedad, y que vuelve a nosotros su alegre rostro, y que descubre la luz resplandeciente de su cara, que la nube de la adversidad tenía como cubierta y eclipsada.

Donde decimos encoges o encorvas, la palabra hebrea significa andar la cabeza baja, y como enclavados los ojos y la cara en el suelo. Donde dice bramas, la palabra original quiere decir tanto como hacer estruendo y ruido; y en lo uno y en lo otro pone David el semblante del que está triste, que es andar los ojos caídos y la cabeza baja, suspirando a las veces, y bramando con la pena dentro de sí mismo. Y ansí, por galana manera, pintado el semblante y la figura de la tristeza, dice a su ánima que está triste, y la reprende por ello y la manda que confíe en Dios.

Mas lo que se sigue, a mi parecer, puede tener dos sentidos: el uno, y el común, es que no desconfíe aunque le cerquen más trabajos, porque al fin se ha de ver libre de ellos, y entonces hará gracias a Dios por su libertad. El otro sentido es que, si se aflige acordándose de las fiestas que celebraba el Señor estando en su morada, se consuele con que le queda aún lugar y tiempo con que alabarle y festejarle; pues allí donde está puede hacer fiesta a Dios, cantando de él y reconociendo sus misericordias. Como si dijese: «No desfallezcas, alma mía, ni te dejes vencer de la tristeza; sosiega y toma reposo; que si te quitan el estar presente a Dios en su casa, no te pueden quitar que le tengas presente en la memoria; y si el enemigo te aparta, y te destierra del lugar a do sus fiestas debidamente se celebran, aun aquí donde estás, sin que ninguno te lo estorbe, puedes y debes cantar sus alabanzas; pues aun aquí, en medio de estos trabajos, claramente conoces el amparo de su favor, que por todas partes te cerca y te rodea».

Y tras esto, como quiera que se entienda, viene bien lo que se sigue:

6. ¡Dios mío! Mi alma se encoge en mí, en ansí membrarme de ti en tierra de Jordán y de Hermonim, en el monte Mitzehar.

Lo cual es, tras el consuelo, tornar el dolor a encrudecerse, como es natural, en todos los ánimos muy apasionados. Porque dice que de aquello que va contando, y de donde pretendía sacar su consuelo, eso mismo, que es la memoria de la casa de Dios y la esperanza de volver a ella, y él en este medio no cesar con diversos cantos de loarle y bendecirle, eso mismo juntando el lugar en que al presente se hallaba —que era de la otra parte del Jordán, en los campos de Hermonim y de Mitzehar, tan apartado de Jerusalén, no solo por la distancia del lugar, sino también por la violencia del enemigo, que le desterraba de su patria y ciudad y le perseguía—, ansí que juntando lo mucho que de Dios se acordaba, con el lugar adonde en cierta manera se acordaba, le era de nuevo y gravísimo tormento. Lo uno, porque con hacer memoria de Dios continamente encendía y acrecentaba más de contino el deseo que de su presencia tenía; y era forzoso que a la medida del deseo le avisase la congoja que recibía de verse ausente. Lo otro, porque como era lugar debido y señalado para las suplicaciones y loores de cantos que se hacían a Dios, la morada que su arca tenía en Hierusalén; ansí ofreciendo David a Dios estos servicios fuera de este lugar, en lugares apartados y extraños, sin poder hacer otra cosa, no se consolaba tanto con cantar de Dios, cuanto se afligía en cantar fuera del lugar debido. Mayormente considerando la causa que a esto le forzaba, que era la necesidad y aprieto en que le ponía su hijo.

Y ansí dice: Señor mío, cuando me aprieta y ahoga la pena que me causa tu ausencia, voyme a consolar con la esperanza que tengo de tornar a verte, y quiérome entretener en hacer canciones y alabarte; y esto mismo que hago para mi consuelo, me es materia de nuevo dolor, porque cuanto más me acuerdo de Ti, tanto siento y me duelo más viéndome en esta tierra del Jordán y Hermonim, tan apartado y tan alejado de Ti; y cuanto más te deseo, tanto más echo de ver cuán imposibilitado estoy de tornarte a ver. Y si para dar alivio a mi pena canto, como suelo, y te alabo, luego se me ofrece que te alabo, no donde debo, y fuera de la casa dedicada a tu servicio, y muy diferentemente de lo que solía; y ansí, lo que tomo para alivio mío, se me vuelve en amargo y duro tormento; y como olas, ansí viene un mal tras otro mal y una pena nace de otra pena.

Y ansí añade:

7. Un piélago vocea a otro piélago con voz de tus canales; todas tus avenidas, y tus olas sobre mí han pasado.

El hebreo dice theon, que significa aguas muchas y hondas, que en nuestra lengua llamamos piélago. Y llama piélago en este lugar David, por figura y encarecimiento, a los grandes golpes y avenidas de agua que de improviso suelen caer en los veranos.

Vocea: la palabra hebrea quiere decir unas veces, amar a voces, y otras veces, venir al encuentro. Y no venía mal en este lugar traducir que un piélago se encontraba con otro piélago, y la una avenida alcanzaba a la otra. Pero mejor es seguir la primera interpretación o significación, y poner lo que se sigue: vocea, por lo que se sigue luego, con voz de tus canales. Adonde la palabra hebrea es tzinor, que quiere decir la canal por donde se vierte el agua del techo; y llama canales de Dios a las nubes, por las cuales, como por canales, cae el agua del cielo; y voz de los nubes o canales, llama por rodeo poético al estruendo y a los truenos con que en las tempestades y turbiones suele descender el agua.

Y ansí, juntando toda esta letra, dice que, pasada una tempestad, suenan luego los truenos y el ruido de otra tempestad que se arma. En lo cual David, después de haber dicho en particular muchos de sus trabajos, concluye diciendo que sus males andan eslabonados, y como llamándose y convidándose los unos a los otros a que vengan.

Y dice esto galanamente, por semejanza de lo que suele acontecer, o en la mar cuando se levanta tor menta, o en la tierra con la tempestad que encienden los vientos; y se cierra el cielo con nubes, y rasgan el aire los truenos, y viene un aguacero, y no ha descargado aquél cuando con el mismo estruendo y furia viene otro, y luego otro, con que la tierra se anega, y la mar se embravece y levanta sus olas; las cuales, sucediendo siempre las unas a las otras, miserablemente combaten y trabajan a los que navegan.

Y lo mismo dice David que le acontecía a él en esta tempestad de males que le habían sobrevenido. Porque si miramos todo lo que ha dicho hasta agora, todo es una cadena de trabajos: al principio, que le aquejaba la sed y deseo de volver a verse con Dios; luego sucedió la pena de las preguntas desconfiadas; tras esto vino el tormento en que le ponía la memoria del bien perdido, y queriéndose consolar con nueva esperanza de cobrarle, renovósele la pena con la consideración de cuán lejos estaba de llegar a lo que esperaba.

Y ansí, haciendo de todo una sentencia entera y seguida, dice: Señor, no es uno y sencillo el mal que en este destierro me aflige, ni usa de su rigor a tiempos, y a tiempos se afloja un escuadrón de mil desventuras, conjuradas contra mí, me acometen y aprietan de todas partes, unas a otras se suceden y acuden las unas a las otras; y el fin y remate de un trabajo es el principio de otro mayor; el deseo de volver a tu presencia me abrasa; la lengua aire vida, que pone falta en tu verdad, me atormenta; háceme guerra mi memoria, y el acordarme del bien que perdí me traspasa el corazón. Hasta la esperanza, de la cual pensaba valerme, arma mis enemigos contra mí; porque en esperando en Ti, echo de ver que no puedo vivir sin acordarme de Ti, y de esto vengo a considerar más atentamente el lugar tan apartado y ajeno de Ti, donde me acuerdo; y cuanto más de Ti me acuerdo, y cuanto más lejos de Ti me veo, tanto es más, sin medio ni medida, el mal y dolor que padezco.

Ansí que la esperanza despierta la consideración del lugar y aviva la memoria; de la memoria nace el deseo, y del lugar, la imposibilidad; y de lo uno y de lo otro crece mi dolor hasta llegar a sus mayores quilates. Y como en el tiempo de las tempestades se ve el relámpago, y luego suena el trueno, y cae el rayo, y, rompiéndose las nubes con increíble furia y estruendo, arrojan agua y más agua hasta que los ríos salen de madre y se anegan los campos, ansí en ésta mi desventura un mal me ciega, y otro me atruena, y otro me hiere, y descargan sobre mí mil nubes de dolor, y todo es tempestad y horror y tinieblas y miserias cuanto a la redonda me cerca.

Y dicho esto, y como pasada la tempestad, comienza a serenarse el ánimo; y la fe verdadera, que en los casos más desesperados y en los mayores aprietos se enciende y esfuerza más, hace su oficio y con ella fortifica su corazón, como parece en lo que se sigue:

8. Día [habrá que] mandará Dios su misericordia; y [agora] en [esta] noche su cantar conmigo; oración [haré] a Dios de mi vida.

Las cuales palabras, con las que entre ellas están añadidas y cerradas entre dos rayas, se dejan bien entender en el sentido en que comúnmente se entiende este lugar; y es, que confía en Dios, que se acabará aquella noche de adversidades en que se halla y amanecerá la luz de su alegría y remedio; y que, mientras que aquella noche durare, él sin cesar jamás se ocupará en cantar de Dios, alabándole como a Señor y declarándote sus quejas como a Padre poderoso. Y en decir que mandará a Dios su misericordia, no dice que la envía, sino que la hace, mandando y diciendo que sean, y luego son hechas.

Esto es lo que suena este verso al parecer de muchos; y puesto de la manera que aquí está escrito, es claro que hace este sentido. Pero dejándole desnudo y en solas las palabras de su original, da ocasión a otros y diferentes entendimientos, y queda dificultosísimo al atinar entre ellos. Porque dice ansí: Día mandará Dios su misericordia; en noche su cantar conmigo, oración a Dios de mi vida. En lo cual demás del sentido que he dicho puede querer decir, conforme a como decimos en castellano, que entre día pasa como Dios se es servido; esto es, con trabajo ocupado, o en huir o en defenderse de su enemigo; pero que, de noche, cuando los otros reposan, descansa él en hablar y tratar con Dios. O imaginemos como que David compusiese este Psalmo de noche, estando fatigado del trabajo del día pasado, y suspenso entre el día que pasó y la esperanza de lo que su cedería en el día que estaba por venir; y que sujetándose a la voluntad de Dios y poniéndose en las manos de su providencia, se conforta y esfuerza, diciendo: Amanecerá mañana, y mandará Dios que se haga lo que a su gracia placiere; ordenará de mí y de mis cosas todo a su voluntad, que yo estoy con ánimo presto y aparejado a pasar por todo lo que Su Majestad ordenare. Mas agora, en esta noche, mientras el día descubre su luz, no quiero ocupar mi ánimo y pensamiento en otra cosa más de loarle y bendecirle.

Y ansí como en decir lo primero declaró la conformidad que tiene con la ordenación de Dios una alma justa, y cuán rendida le está en todo, ansí en este postrero da a entender David la firmeza de los que aman a Dios: que no es parte con ellos ni el trabajo, ni la persecución, ni el miedo de la muerte, ni otra alguna adversidad, por oscura y espantosa que les sobrevengan, para que aparten de Él ni su memoria ni su voluntad. Y pone luego su oración, y es:

9. Diré a Dios: Fortaleza mía, ¿por qué me olvidas? ¿Por qué me trae vestido de duelo el perseguirme el enemigo?

Que es oración de hombre muy privado con Dios, y muy acostumbrado a regalarse con Él y muy confiado de lo mucho que le quiere; y ansí va mezclada con una queja blandísima. Y aunque David sabía bien las culpas que purgaba en aquellos trabajos, y que sus pecados tenían bien merecida aquella adversidad, pregunta a Dios tierna y amorosamente por qué le olvida. No porque desconoce su culpa, sino porque conoce bien el grande amor que Dios le tiene.

Y sigue con esto la condición de los que mucho se aman, entre los cuales cualquier pequeño castigo basta para satisfacción de una grande ofensa, como haya conocimiento de la culpa. Y ansí quejase aquí David a Dios de dos cosas; y quejándose pide con mayor instancia y eficacia el remedio de ellas, que si clara abiertamente lo pidiera. La primera cosa de que se queja es de que le olvida: y es la primera porque es como la fuente de do nascen las otras, y la más principal de todas, y la que a David más le duele. La segunda es que le persigue el enemigo, y le hace andar vestido de negro, en el ánimo por tristeza, y de fuera con vestiduras de este color; y aun en esto no siente tanto su daño cuanto el deshonor y desacato que hacen a Dios sus enemigos.

Y ansí añade:

10. Matador [cuchillo] en mis huesos es haberme escarnecido
los mis enemigos, diciéndome cada día: ¿Dó es el Dios tuyo?

Lo cual queda entendido con lo que arriba se dijo, juntamente con el verso que se sigue, que es el último de este Psalmo
y el mismo de antes. Y repítelo agora David en el fin, como
es uso de poetas en todas las lenguas, repetir un mismo verso
algunas veces. Pues concluye, y dice los versos siguientes:

11. ¿Por qué te encoges, alma mía, y por qué bramas en mí?
    12. Espera en el Señor, que aun le bendeciré [diciendo]:
Salud es de la mi cara, y mi Señor.

Explanación del Salmo 26 por el maestro fray Luis de León

Epílogo

Mas, dejando de hablar de materia ajena, hora es ya de que solo trate y hable de mí, y de que convierta a mí mismo mi propia oración; que, cuando esto escribo, soy oprimido de los mayores males, condenado a cárcel y hecho reo de infidelidad.

Y pues hace ya catorce meses desde que mis enemigos empezaron a cantar victoria sobre mí; y así, acusándome ante los jueces como desacreditándome e injuriándome ante las gentes, no cesan de pedir mi cabeza; y ni muestra alivio alguno de mis males, ni brilla esperanza alguna de salvación, ¿he de perder el ánimo a causa de esto, y tener para mí que Dios no lleva auxilio a la inocencia? Lejos, lejos de mí persuasión tan impía.

Jamás yo, Padre santísimo, siquiera todos los males atropellen sobre mí, ni menos bien por eso juzgaré de Ti, ni retiraré de Ti mis ojos ni mi esperanza. Jamás sentiré de Ti sino lo que del mejor y más indulgente Padre justo es sentir y creer.

Pues por no mentar ahora los beneficios, grandes y muchos, que en otro tiempo me reportaste, esto mismo con que soy oprimido, que angustia ahora mi ánimo, en lo cual pareces tratarme de severo, y que aun haces el papel (como en la escena) de airado y ofendido: aquesto todo confieso que es hijo del amor tuyo eximio para conmigo.

Porque ¿qué paradero tuviera mi vida; adónde no se arrojara, alentada de la misma impunidad, mi grande osadía en el pecar; si me hubieses sufrido en el camino que yo me había propuesto de seguir? ¿O si a mí, desbocado y ciego, y presto a rodar en el abismo, no me hubieses puesto el freno de tu temor?

Pequé, lo confieso. Pequé mucho, miserable, contra Ti; pequé lo más contra mí mismo, y mucho contra los demás hombres. Mis interiores codicias, rebasando los pelos de mi cabeza, entregaron a los enemigos el alcázar de mi ánimo. Traidor he sido a mí mismo.

Y como sea cierto que ya, siendo yo niño, y antes que me hubiere inficionado de los cuidados terrenos, me hayas llamado a la vida religiosa, es decir, a Ti mismo; y cuando mozo inflamado con el estudio de lo mejor; y cuando hombre cabal, colmado de tus dones inmensos: sin embargo, por tantos y tan grandes beneficios, muy mala gracia fue lo que te devolví. Ni solo fui ingrato para contigo, sino que también, en lo que a mí toca, vine a ser la perdición de mí mismo.

Porque ¿qué otra cosa merecí sino que, rechazado por mis delitos y condenado a sufrir las penas merecidas, me arrojases en olvido sempiterno? Mas aquella tu bondad que te forzó a que en aquel otro tiempo, siendo niño que no sabía merecerte, me hicieses bien, ésa te empujó a que me infundieses el pavor de pena más severa, errante yo ahora y envuelto en el crimen e ingrato despreciador de tus santísimas leyes.

Hasta donde fue lícito y posible, te mostraste conmigo benigno e indulgente; pero así que me viste abusar de esta tu indulgencia y corromperme con ella más cada día, y difundirse el mal que me aquejaba más y más cada día, entonces me deparaste medicina mordaz y acre que fuese cumplidera para sanar mi mal. Varió en Ti la razón del hacer; la voluntad del bienhacer no fue trocada.

Jamás mis enemigos pudieran tanto contra mí, si Tú no hubieras querido servirte de su conato injusto para solo mi salud. Porque ¿qué es lo que pueda caer menos dentro de mis costumbres que la infidelidad? Ni ¿qué habrá más ajeno a mí que faltar a la integridad de la fe verdadera, que yo siempre opté por defenderla con peligro de la vida y de mis intereses?

Pero para que fuese más manifiesto haberse hecho todo este negocio más por el consejo tuyo que con el de los hombres, por razón de aquello soy herido, que si la cosa se midiese al justo, era para herir lo menos adecuado: y por aquella parte por don de parecía más guarnecido y seguro, por ésa, y a costado descubierto, recibo ahora de ellos todos los tiros.

Con las falsas incriminaciones de otros castigas en mí pecados ciertos; y cuando consientes que yo sea insimulado de crimen que nunca cometí, las penas me exiges por los pecados a que di acogimiento; y por la acción injusta de los otros, justamente Tú, y más aún, piadoso y amante, a mi ánimo, corrompido de tanto vicio, el hierro y fuego aplicas para que no perezca totalmente.

Ya tu numen, ¡oh Padre!, conozco. Ya todo me desgano de mí mismo: y porque te ofendí miserable, me remuerdo y me atormento. Perdóname piadoso, y aplacado fielmente, devuélveme tu gracia. El mismo amor que te la impuso arranque ya de Ti esa carátula de severidad. Hasta aquí has usado para mi salud de las imposturas de los otros: ahora, salvo yo ya y devuelto a Ti, la misma verdad en cierta manera te pide que la patrocines en su derecho.

Venganza y rigor fueron hechos sobre mí por cuanto supe merecer bien poco de Ti, aunque casi lo bastante para lo que exige tu naturaleza aplacable e indulgente para con los tuyos. Ya es propio de Ti el socorrer a la inocencia afligida (Ps 136): Acuérdate, Señor, de los hilos de Edón en el día de Jerusalén, los cuales dicen: Derrocad, derrocad en ella hasta los cimientos.

Con todo, no deseo vengarme de ellos; los lazos que me tendieron solo trato de romper. Siempre los tuve antes por dignos de misericordia que de odio; y a ellos, los que me hicieron la injuria, más míseros juzgo que yo, a quien toca sostener la injuria que me infirieron.

Por mí que vivan felices y satisfechos, que yo no les voy a la mano; que a mí, libre ya de sus calumnias, me sea lícito retener íntegra la fe que pura conservé hacia Ti, y la buena estimación de esa fe entre los hombres. Esto es lo que sinceramente te pido y suplicante.

Auxilio me fuiste desde mi juventud; ahora, cuando más desfallece mi valor, no me abandones. Sé luz al opreso en las densas tinieblas de la desgracia. Sé salud al que lucha por sus mejores bienes y por su fama. Disipa los consejos de los impíos y, enderezando a las tinieblas el rayo de tu luz, descubre las fraudes y las mentiras.

Y arráncame de estos malvados; y ya libre de ellos, devuélveme a los míos, es decir, a tus servidores. Y reivindícame de los lugares de muerte a la región de vida.

Que si esto no a mí, cierto es que a tu naturaleza te lo debes: débeslo a tu bondad, a tu fe, a tu clemencia. Porque cierto me será el importunarte siempre con mis preces, el aporrear tus orejas pacientísimas con mis querellas. No se sosegarán de llorar las niñetas de mis ojos, y, aunque a menudo desechado, más a menudo clamaré: Señor, fuerza padezco, responde tú por mí.

Darás al suplicante lo que deniegas al pecador; y, cuando esto dieres, las bocas de los muchos que sufren por mi causa resolverás gratas en tus alabanzas, Tú, único digno de sempiterna laude, que verdaderamente eres Dios uno y verdaderamente trino, Amén.

Carta-dedicatoria a las madres priora Ana de Jesús y Religiosas Carmelitas Descalzas del monasterio de Madrid el M. fray Luis de León, salud en Jesucristo

Yo no conocí ni vi a la Madre Teresa de Jesús mientras estuvo en la tierra; mas agora que vive en el cielo la conozco y veo casi siempre en dos imágenes vivas que nos dejó de sí, que son sus hijas y sus libros; que, a mi juicio, son también testigos fieles, y mayores de toda excepción, de su grande virtud. Porque las figuras de su rostro, si las viera, mostráranme su cuerpo; y sus palabras, si las oyera, me declararan algo de la virtud de su alma; y lo primero era común, y lo segundo sujeto a engaño, de que carecen estas dos cosas, en la que la veo agora. Que, como el Sabio dice, el hombre en sus hijos se conoce. Porque los frutos que cada uno deja de sí, cuanto falta, ésos son el verdadero testigo de su vida, y por tal le tiene Cristo cuando en el Evangelio, para diferenciar al malo del bueno, nos remite solamente a sus frutos: De sus frutos, dice, los conoceréis.

Ansí que la virtud y santidad de la Madre Teresa, que, viéndola a ella, me pudiera ser dudosa y incierta, esa misma agora, no viéndola, y viendo sus libros y las obras de sus manos, que son sus hijas, tengo por cierta y muy clara. Porque por la virtud que en todas resplandece se conoce sin engaño la mucha gracia que puso Dios en la que hizo para Madre de este nuevo milagro, que por tal debe ser tenido lo que en ellas Dios agora hace, y por ellas.

Que si es milagro lo que aviene fuera de lo que por orden natural acontece, hay en este hecho tantas cosas extraordinarias y nuevas, que llamarle milagro es poco, porque es un ayuntamiento de muchos milagros. Que un milagro es que una mujer, y sola, haya reducido a perfección una Orden en mujeres y en hombres. Y otro, la grande perfección a que los redujo. Y otro, y tercero, el grandísimo crecimiento a que ha venido en tan pocos años, y de tan pequeños principios: que cada una por sí son cosas muy dignas de considerar. Porque no siendo de las mujeres el enseñar, sino el ser enseñadas, como lo escribe San Pablo, luego se ve que es maravilla nueva una flaca mujer tan animosa, que emprendiese una cosa tan grande; y tan sabia y eficaz, que saliese con ella y robase los corazones que trataba, para hacerlos de Dios, y llevase las gentes en pos de sí a todo lo que aborrece el sentido.

En que, a lo que yo puedo juzgar, quiso Dios en este tiempo, cuando parece triunfa el demonio en la muchedumbre de los infieles, que le siguen, y en la porfía de tantos pueblos de herejes, que hacen sus partes, y en los muchos vicios de los fieles, que son de su bando; para envilecerle y para hacer burla de él, ponerle delante, no un hombre valiente rodeado de letras, sino una mujer pobre y sola, que le desafiase y levantase bandera contra él, y hiciese públicamente gente que le venza y huelle y acocee. Y quiso sin duda, para demostración de lo mucho que puede, en esta edad, adonde tantos millares de hombres, unos con sus errados ingenios y otros con sus perdidas costumbres, aportillan su reino, que una mujer alumbrase los entendimientos y ordenase las costumbres de muchos, que cada día crecen para reparar estas quiebras.

Y en esta vejez de la Iglesia tuvo por bien demostrarnos que no se envejece su gracia, ni es agora menos la virtud de su espíritu, que fue en los primeros y felices tiempos de ella; pues con medios más flacos en linaje que entonces, hace lo mismo o casi lo mismo que entonces.

Porque —y éste es el segundo milagro— la vida en que Vuestras Reverencias viven, y la perfección en que las puso su Madre, ¿qué es sino un retrato de la santidad de la Iglesia primera? Que ciertamente lo que leemos en las historias de aquellos tiempos, eso mismo vemos ahora con los ojos en sus costumbres; y su vida nos demuestra en las obras lo que ya por el poco uso parecía estar en solo los papeles y las palabras; y lo que, leído, admira y apenas la carne lo cree, agora lo ve hecho en Vuestra Reverencia y en sus compañeras, que desasidas de todo lo que no es Dios, y ofrecidas en solos los brazos de su Esposo divino, y abrazadas con Él, con ánimos de varones fuertes en miembros de mujeres, tiernos y flacos, ponen en ejecución la más alta y más generosa filosofía que jamás los hombres imaginaron; y llegan con las obras a donde, en razón de perfecta vida y de heroica virtud, apenas llegaron con la imaginación los ingenios; porque huellan la riqueza y tienen en odio la libertad, y desprecian la honra y aman la humildad y el trabajo. Y todo su estudio es con una santa competencia procurar adelantarse en la virtud de contino, a que su Esposo les responde con una fuerza de gozo, que les infunde en el alma, tan grande, que en el desamparo y desnudez de todo lo que da contento en la vida, poseen un tesoro de verdadera alegría, y huellan generosamente sobre la naturaleza toda, como exentas de sus leyes, o verdaderamente como superiores a ellas: que ni el trabajo las cansa, ni el encerramiento las fatiga, ni la enfermedad las decae, ni la muerte las atemoriza o espanta, antes las alegra y anima.

Y lo que entre todo esto hace maravilla grandísima, es el sabor, o si lo habemos de decir ansí, la facilidad con que hacen lo que es extremadamente dificultoso de hacer; porque la mortificación les es regocijo, la resignación juego, y pasatiempo la aspereza de la penitencia. Y como si anduviesen solazando y holgando, van poniendo por obra lo que pone a la naturaleza en espanto; y el ejercicio de virtudes heroicas le han convertido en un entretenimiento gustoso, en que muestran bien por la obra la verdad de la palabra de Cristo, que su yugo es suave y su carga ligera.

Porque ninguna seglar se alegra tanto en sus aderezos cuanto a Vuestras Reverencias les es sabroso el vivir como ángeles. Que tales son, sin duda, no solo en la perfección de la vida, sino también en la semejanza y unidad que entre sí tienen en ella, que no hay dos cosas tan semejantes, cuanto lo son todas entre sí, y cada una a la otra: en el habla, en la modestia, en la humildad, en la discreción, en la blandura de espíritu, y, finalmente, en todo el trato y estilo. Que como las anima una misma virtud, ansí las figuras a todas de una misma manera; y como en espejos puros, resplandece en todas un rostro, que es el de la Madre santa que se traspasa en las hijas.

Por donde, como decía al principio, sin haberla visto en la vida, la veo agora con más evidencia; porque sus hijas, no solo son retratos de sus semblantes, sino testimonios ciertos de sus perfecciones, que se les comunican a todas, y van de unas en otras con tanta presteza acudiendo, que —y es la maravilla tercera— en espacio de veinte años, que puede haber desde que la Madre fundó el primer monasterio, hasta esto que agora se escribe, tiene ya llena la España de monasterios, en que sirven a Dios más de mil religiosos, entre los cuales Vuestras Reverencias, las religiosas, relucen como luceros entre las estrenas menores. Que como dio principio a la reformación una bienaventurada mujer, ansí las mujeres de ella parece que en todo llevan ventaja. Y no solamente en su Orden son luces de guía, sino también son honra de nuestra nación y gloria de aquesta edad, y flores hermosas que embellecen la esterilidad de estos siglos, y ciertamente partes de la Iglesia de las más escogidas, y vivos testimonios de la eficacia de Cristo, y pruebas manifiestas de su soberana virtud, y expresos dechados en que hacemos casi experiencia de lo que la fe nos promete. Y esto cuanto a las hijas, que es la primera de las dos imágenes.

Y no es menos clara ni menos milagrosa la segunda imagen que dije, que son las escrituras y libros; en los cuales, sin ninguna duda, quiso el Espíritu Santo que la Madre Teresa fuese un ejemplo rarísimo. Porque en la alteza de las cosas que trata, y en la delicadeza y claridad con que las trata, excede a muchos ingenios; y en la forma del decir, y en la pureza y facilidad del estilo, y en la gracia y buena compostura de las palabras, y en una elegancia desafeitada que deleita en extremo, dudo yo que haya en nuestra lengua escritura que con ellos se iguale. Y ansí, siempre que los leo, me admiro de nuevo, y en muchas partes de ellos me parece que no es ingenio de hombre el que oigo; y no dudo sino que hablaba el Espíritu Santo en ella en muchos lugares, y que la regía la pluma y la mano; que ansí lo manifiesta la luz, que pone en las cosas escuras, y el fuego que enciende con sus palabras en el corazón que las lee.

Que, dejados aparte otros muchos y grandes provechos que hallan los que leen estos libros, dos son, a mi parecer, los que con más eficacia hacen. Uno, facilitar en el ánimo de los lectores el camino de la virtud, y otro, encenderlos en el amor de ella y de Dios. Porque, en lo uno, es cosa maravillosa ver cómo ponen a Dios delante los ojos del alma, y cómo le muestran tan fácil, para ser hallado, y tan dulce y tan amigable para los que le hallan; y en lo otro, no solamente con todas, mas con cada una de sus palabras, pegan al alma fuego del cielo, que la abrasa y deshace. Y quitándole de los ojos y del sentido todas las dificultades que hay, no para que no las vea, sino para que no las estime ni precie, déjanla, no solamente desengañada de lo que la falsa imaginación le ofrecía, sino descargada de su peso y tibieza, y tan alentada y, si se puede decir ansí, tan ansiosa del bien, que vuela luego a él con el deseo que hierve. Que el amor grande que en aquel pecho santo vivía, salió como pegado en sus palabras, de manera que levantan llama por dondequiera que pasan.

De Vuestras Reverencias entiendo yo son grandes testigos, porque son sus dechados muy semejantes; porque ninguna vez me acuerdo leer en estos libros, que no me parezca oigo hablar a Vuestras Reverencias; ni, al revés, nunca las oí hablar, que no se me figurase que leía en la Madre. Y los que hicieren experiencia de ello, verán que es verdad; porque verán la misma luz y grandeza de entendimiento en las cosas delicadas y dificultosas de espíritu; la misma facilidad y dulzura en decirlas; la misma destreza, la misma discreción. Sentirán el mismo fuego de Dios, y concebirán los mismos deseos; verán la misma manera de santidad, no placera ni milagrosa, sino tan infundida por todo el trato en sostancia, que, algunas veces, sin mentar a Dios, dejan enamoradas de Él a las almas.

Ansí que, tornando al principio, si no la vi mientras estuvo en la tierra, agora la veo en sus libros y hijas; o por decirlo mejor, en Vuestras Reverencias solas la veo agora, que son sus hijas, de las más parecidas a sus costumbres, y son retrato vivo de sus escrituras y libros.

Los cuales libros, que salen a luz, y el Consejo Real me los cometió que los viese, puedo yo con derecho enderezarlos a ese santo convento, como de hecho lo hago, por el trabajo que he puesto en ellos, que no ha sido pequeño. Porque no solamente he trabajado en verlos y examinarlos, que es lo que el Consejo mandó, sino también en cotejarlos con los originales mismos, que estuvieron en mi poder muchos días, y en reducirlos a su propia pureza, en la misma manera que los dejó escritos de su mano la Madre, sin mudarlos ni en palabras ni en cosas, de que se habían apartado mucho los traslados que andaban, o por descuido de los escribientes o por atrevimiento y error. Que hacer mudanza en las cosas que escribió un pecho, en quien Dios vivía y que se presume le movía a escribirlas, fue atrevimiento grandísimo, y error muy feo querer enmendar las palabras; porque si entendieran bien castellano, vieran que el de la Madre es la misma elegancia. Que aunque en algunas partes de lo que escribe, antes que acabe la razón que comienza, la mezcla con otras razones, y rompe el hilo, comenzando muchas veces con cosas que injiere, mas injiérelas tan diestramente y hace con tan buena gracia la mezcla que ese mismo vicio le acarrea hermosura, y es el lunar del refrán.

Ansí que yo los he restituido a su primera pureza.

Mas porque no hay cosa tan buena en que la mala condición de los hombres no pueda levantar un achaque, será bien aquí, y hablando con Vuestras Reverencias, responder con brevedad a los pensamientos de algunos.

Apología del padre M. fray Luis de León

Catedrático de Escritura de la Universidad de Salamanca

De los Libros de la santa Madre Teresa de Jesús, que el año pasado se imprimieron y extendieron por toda España, algunos, según he oído, por no saber más, o por parecer que saben, o por otros respetos de emulación, han hablado menos bien que debían. Y cuanto a la verdad de la doctrina, no sé que hayan puesto falta; solo ponen inconveniente en su licción por tres títulos y razones. Una, porque enseñan la oración que llaman de unión, que dicen no es bien enseñarla, y no dicen por qué. Otra, porque tienen algunas cosas escuras para ser entendidas generalmente de todos. La tercera, porque la santa Madre Teresa cuenta en ellos muchas revelaciones que tuvo. A que responderé con brevedad.

Y, a lo primero, de la oración de unión, para que se vea ser calumnia, presupongo que oración de unión es una suspensión del alma en Dios, que acaece cuando estando uno orando y discurriendo con el entendimiento, Dios, aplicando su luz y su fuerza, le allega a Sí y le suspende el discurrir del entendimiento, y le enciende la voluntad con un amor unitivo.

Esto presupuesto, digo ser verdad que se habla de esta unión en estos Libros, y se declara qué es y en qué consiste y los buenos efectos que hace, y cómo se conoce, si es verdadera o si es falsa. Y si esto es enseñarla, es verdad que la enseñan. Mas pregunto: semejante doctrina, ¿qué daño trae, o qué inconveniente tiene? Porque si quieren decir que no hay tal género de oración, dicen una cosa falsísima y contra los santos que de esto escriben, y contra la verdad de la fe; porque de la Escritura Sagrada consta que hay oraciones de raptu o extasi; y donde esto hay, también hay lo que llamamos unión. Y si dicen, como les conviene decir, que la hay, no podrán decir que es mala, pues es Dios quien la da; y si la hay, y es buena, ¿cómo puede ser malo el tratar de ella, y el mostrar sus cualidades, y el avisar de los engaños que en este camino haber puede, para que los que van por él no se engañen?

Si dicen que esta oración no se puede adquirir por reglas y preceptos, dicen una gran verdad, y esto es lo primero de que estos Libros avisan, y ansí no dan preceptos ni reglas de ella. Solamente amonestan a los que tratan de oración, si quieren llegar a este grado, que vivan con mucha pureza de consciencia, y traigan desasido el corazón de las afecciones terrenas, y que aspiren siempre a lo que es más perfecto, que son preceptos y consejos del Evangelio.

Pues si este camino de unión es bueno y perfecto, bueno es y necesario que haya libros que traten de él, y que declaren su naturaleza y sus pasos. ¿En qué razón cabe condenar un libro malo, porque es guía de un camino bueno? Porque si conviene que no se escriba, será porque conviene que no se sepa; y si esto conviene, será porque es bien que no se use; lo cual, ninguno será tan tonto o ignorante que lo ose decir. Por donde, al revés, pues es útil su uso, es necesaria su ciencia; y por la misma razón provechoso escribirla.

Díganme los que esto dicen, ¿quién recibe daño con el saber de esta unión? ¿Los que tratan de ella? No, porque se les da luz para acertar mejor a eso mismo que tratan. Pues los que no tratan, de lo que aquí leen, conciben una de dos cosas por fuerza: o admiración de Dios por los regalos que hace a los suyos, o deseo de seguir ellos este camino y dejarlo todo por hallar a Dios tan amigo; que ambos movimientos, como es notorio, son útiles.

Parece, los que reparan en esto, que no han visto otros libros; no saben que tratan de lo mismo otros que escriben.

¿Pues qué injusticia es recelarse de sola esta criatura, por lo que anda en otras mil escrituras? Vean a San Buenaventura; vean a Ricardo de San Vitore; vean a Juan Gerson. Y si quieren lengua vulgar, vean en la tercera parte a los Abecedarios que llaman; y vean que es cifra lo que la santa Madre Teresa en esto dice, en comparación de lo que allí se dice y escribe.

Y esto cuanto a lo primero.

A lo segundo, de la escuridad, si eso vale para que los libros se veden, todos se deben vedar; porque ni los profesores de ellos los entienden en muchas partes. Pregunto: a San Agustín, ¿cuántos teólogos no le entienden del todo? A San Dionisio, ¿quién es el que le entiende? Y lo que digo de éstos digo de casi todos los santos, que en muchas partes de sus obras hablan en arábigo, no solo para los que saben latín y griego, sino aun para los que profesan la Teología y la Escuela. Y no digo los santos, esos mismos doctores escolásticos, de sus mismos discípulos que se desvelan en ellos apenas son entendidos. A Santo Tomás no le entienden en muchas partes, y a Escoto los suyos. De Alejandro, de Durando, de Henrico de Gandavo es lo mismo.

Demás de esto, lo escuro de estos libros, que es poco, no daña a nadie y aprovecha a muchos; porque quien lo entiende, saca provecho de ello, y quien no, ni daño ni provecho. Y digo mal, que aun quien no lo entiende saca provecho; porque esta escuridad no está en las palabras, sino en algunas de las cosas; que quien no tiene de ellas experiencia, no las sabe comprender. Y lo que de esta manera no se entiende, ordinariamente cría admiración y deseo de su experiencia, que son cosas de mucho provecho.

Y cuanto al tercer artículo, de las revelaciones, digo que los que condenan las de estos Libros es, o porque creen que no hay revelaciones, y esto es manifiestamente contra la fe, o porque imaginan que éstas no lo son, y eso es juicio temerario, fundado en su sola voluntad; o porque si no las tienen por falsas, sospechan a lo menos que son dudosas, en que no tienen ninguna color de razón, porque las señales de las ciertas todas las tienen éstas: la santidad conocida de la persona, la verdad de la doctrina que contienen, los efectos grandes de virtud y reformación, que hicieron en la santa Madre Teresa, y hacen en los que siguen su ejemplo, el examen grande que sobre ellas hizo la misma Madre en su vida, y la aprobación que tuvieron de personas de espíritu y letras.

Mas dirán por ventura que, aunque sean buenas y verdaderas, no se deben publicar y escribir. Si esto dicen, dicen una cosa nueva y nunca oída en la Iglesia; porque, como es notorio, siempre desde el principio de ella se escribieron las revelaciones que hizo Dios a los hombres. En los libros sagrados hay muchas; en las historias eclesiásticas muchas más; en las vidas de los santos, sin número. Vean las historias de la Orden de San Francisco, de Santo Domingo, de San Agustín y de otras Órdenes, que tienen más revelaciones que hojas; y no solo de los fundadores primeros, o de los santos canonizados, sino de otros muchos que llaman y reverencian por beatos. De las revelaciones de Santa Brígida hay un libro grandísimo; de las de Santa Gertrudis hay otro. La vida de Santa Catalina de Sena está llena de revelaciones y milagros no vistos. Ayer imprimieron en Valencia la Vida de fray Luis Beltrán, llena de revelaciones y de dichos proféticos. ¿Por qué se ha de encubrir lo que es bueno, lo que hace maravilla de Dios, lo que enciende en su reverencia y amor, lo que pone espuelas para toda santidad y virtud?

Y más: dicen que el deseo de cosas semejantes abre puertas en las mujeres, que son crédulas, para que el demonio las engañe con ilusiones. El deseo de revelaciones desordenado podrá ser, pero no la lección de revelaciones buenas y verdaderas. Y estos Libros ninguna cosa procuran más que quitar deseos semejantes, como por ellos parece.

Mas de la lección, dicen, nace el deseo. Si nace, bórrense los libros sagrados; quémense las historias eclesiásticas; rómpanse los Flos Sanctorum, las vidas de santos, los Diálogos de San Gregorio, las relaciones de los que fundaron y multiplicaron las Órdenes. Engañada ha estado la Iglesia, que hasta agora ha escrito y querido que se lea lo que abre puerta al demonio. Y porque uno u otro, que es amigo de sí y de su excelencia, no tome ocasión de engañarse, ascóndase la gloria de Dios; no se sepan sus maravillas; atájese este camino, por donde se animan muchos a amarle y servirle. ¿Cuántos hacen muestras de santos movidos de la honra que a los santos se da? Pues no haya virtud, o no se escriban y celebren los hechos virtuosos de muchos, porque no tomen ocasión de allí los hipócritas. Más hipócritas han caído por esta ocasión que ilusos del demonio por leer las revelaciones de Dios.

En las cosas no se ha de mirar el mal uso de algunos, sino el provecho en común; y el de esta criatura, cuando la razón no lo dijera, la experiencia, que es testigo fiel, lo muestra. Véanse los religiosos y religiosas, Carmelitas descalzos, que se han criado con su doctrina y la saben de coro: y miren si están locas o ilusos, o si hay quien en la pureza de la verdadera religión y santidad y amor de Dios les haga ventaja.

Finalmente, dicen que no las creen. Pues porque ellos no las creen, ¿qué? ¿Por eso se han de vedar a los otros? Presunción intolerable es hacerse señores de los juicios de todos. No las creen. Porque no lo experimentan en sí, ¿no quieren que sea posible en los otros? Vivan como ellos viven, como en estos Libros se enseña, y verán luego por cuán creíbles las tiene. Demás de esto digo que no tienen por qué no creerlas;

porque si lo hacen por ser extraordinarias en género de revelaciones, no lo son, sino semejantes a las que de otros santos se escriben, y conformes a toda buena doctrina. Si porque no quieren que sea tan santa la Madre Teresa, no son ellos los que reparten la santidad; bien puede haber santos que ellos no conozcan, y, aunque ellos no quieran, fue santa y muy santa. Y si no, díganme, ¿qué hubo en ella que no la arguya y demuestre? ¿No ven que si no la tienen por santa juzgan temeraria y locamente y con gran daño de sus conciencias? Pues necesariamente han de confesar que fue mala y engañosa mujer, porque engañó al mundo haciéndose santa, si no es verdad lo que dice.

Ansí que lo primero es que no tienen por qué no creerlas. Lo segundo, ya que ellos no las creen, ¿qué les va en que otros las crean? ¿Qué pierden en creer que hizo con su sierva Dios lo que hace con casi todos sus amigos? ¿Qué daño es creer que quien fundó una religión tan reformada, quien gastó su vida en ella, quien buscó y amó a solo Dios, es gran sierva de Dios? O es envidia, o presunción, o confianza de sí, o vanidad lanzada en los tuétanos, o no curable ceguedad, o, por acertar mejor, todo junto. ¿No las creen? Libres son, no las crean; señores sonde su juicio; nadie les hace fuerza; sean sospechosos, sean resabidos, sean cuanto quisieren incrédulos.

Mas yo, si las creo, o cualquiera que creer las quisiere, ¿a quién hace daño? ¿Es mal creer bien, del que en todas sus cosas parece bueno? ¿Creer que es amigo de Dios el que en la vida, y después de ella, tiene cosas de amigo? ¿Creer que en todas las edades y en todas las religiones hace Dios maravillas? Ansí que cerrar los ojos y decir a bulto: ¡Revelaciones afuera! ¡No se crean ni se lean visiones!, sin convencer en particular alguna de imposible o de falsa, no cabe en razón.

De una sola particular he oído que dicen, aunque yo no hallo en qué reparen. Dice la Madre que vio diversas veces al padre fray Pedro de Alcántara, no solo después de muerto, sino en vida y ausente. Ver en visión a los muertos, muchos santos y no santos los ven, y a los vivos ausentes. Ansí se lee en las historias de San Nicolás, obispo, y de San Ambrosio, y de San Martín, y de otros muchos. ¿En qué ponen dificultad? ¿En que no es posible, o en que es nuevo y no visto? Imposible a Dios no lo es; y menos, nuevo o no usado; porque, como el ausente vivo pueda ser en dos maneras visto, o en su presencia real o en visión de su imagen, de ambas tenemos en las Sagradas Letras ejemplo. De lo primero en Habacuc y en el apóstol Felipe, a quien llevó el ángel de un lugar a otro en un punto. De lo segundo, en lo que Cristo dice a Ananías cuando le manda ir a bautizar a San Pablo: Ve —dice—, porque agora está orando, y en visión te ve que entras por su aposento y le pones sobre la cabeza las manos.

Por cosa sin comparación dificultosa tengo satisfacer a quien no quiere ser satisfecho y porfiar, no con la razón ignorante, sino con la voluntad obstinada.

Y ansí concluyo diciendo que tengo por sin duda que trae el demonio engañados a los que de estos Libros no hablan con la reverencia que deben; y que sin duda les menea la lengua, para, si pudiese por su medio, estorbar el provecho que hacen. Y vese claramente por esto: porque si se movieran con espíritu de Dios, primero y ante todas cosas, condenaran los libros de Celestina, los de caballería y otras mil prosas y obras llenas de vanidades y lascivias, con que cada momento se emponzoñan las almas. Mas como no es Dios quien los mueve, callan esto, que corrompe la cristiandad y costumbres, y hablan de lo que las ordena y recoge, y lleva a Dios con eficacia grandísima.

De la vida, muerte, virtudes y milagros
de la Santa Madre Teresa de Jesús.
Libro primero, por el maestro fray Luis de León.

Como en las casas de los grandes suele haber unos hijos muy más favorecidos y regalados que otros, ansí en la de Dios, en esta edad, lo fue con grandísima particularidad de gracias y dones la bienaventurada Madre Teresa de Jesús, cuyas virtudes y vida Vuestra Majestad es servida que escriba; que, aunque la misma escribió la parte de ella que fue conveniente para que sus confesores conociesen su espíritu, no la escribió toda, ni dijo muchas cosas por su modestia, ni pudo decir las que le sucedieron después de aquella escritura que yo he buscado y he recogido, informándome de sus papeles y de personas de mucho crédito que la trataron y conocieron. Las cuales con justa razón Vuestra Majestad desea ver para alabar las maravillas de Dios en sus santos y porque otros le alaben.

Fue esta dichosa mujer natural de Ávila, ciudad antigua de Castilla, de padres nobles y virtuosos. El padre se llamó Alonso de Cepeda, y la madre, que fue segunda mujer suya, doña Beatriz de Ahumada. Sus abuelos de padre se llamaron Juan de Cepeda y doña Inés de Toledo; de madre, Matheo de Ahumada y doña Teresa de Tapia, todos vecinos de Ávila y que están enterrados en San Juan, parroquia de aquella ciudad.

Entre ocho hijos varones y dos hijas que nacieron de este segundo matrimonio de sus padres, tuvieron por su buena dicha esta santa, que les nació, a lo que parece, al fin del año de 1515; pusiéronle nombre Teresa, guiados, a lo que entiendo, por Dios, que sabía los milagros y maravillas que en ella había de hacer, y por ella, porque Teresa es Tarasia, nombre antiguo de mujeres, y griego, que quiere decir milagrosa. Como nacía para atraer muchos a la virtud, criando

en ellos, poniéndoles afición de las cosas del cielo, fabricóla
Dios desde las primeras piedras para este propósito muy hábil y conveniente; y ansí le dio unos naturales amorosos y
no pegajosos; apacibles, agradecidos, agraciados y gratos a
todos, y llenos de una discreción tan amable, que cuando
descubrió con la edad, allegaba a sí y cautivaba cuantos corazones trataba.

Por cierto, me afirma quien la conoció muchos días, que
nadie la conversó que no se perdiese por ella; y que, niña y
doncella, seglar y monja, reformada y antes que se reforma-
se, fue con cuantos la veían como la piedra imán con el hierro; que el aseo y buen parecer de su persona, y la discreción
de su habla, y la suavidad templada con honestidad de su
trato, la hermoseaban de manera que el profano y el santo, el
distraído y el de reformadas costumbres, los de más y los de
menos edad, sin salir ella en nada de lo que debía a sí misma,
quedaban como presos y cautivos de ella, pues en estos naturales, como en tierra fértil y sazonada, prendió luego con
firmes y hondas raíces la gracia que recibió en el bautismo,
de manera que en los primeros años de su niñez dio claras
muestras de lo que después pareció en ella.

Amaba, cuando era niña, los pobres; inclinábase a contar
y hablar de las vidas y virtudes de los santos; apetecía la soledad y el silencio; y, en la manera que aquellos años sufrían,
despreciaba lo temporal y aspiraba a lo eterno, y invisible,
y lo que es de maravillar, deséalo padecer muerte por Cristo. De aquí nacían aquellas razones y palabras, aunque de
niños, tan sabias y verdaderas que pasaban entre la niña y
su hermano, y que ella con tanta dulzura cuenta aquel para
siempre que repetían a veces; aquel huir los de casa y juntarse
a hablar de los santos; aquel buscar medios para volar luego
al cielo los que ponían en el suelo entonces los pies. Y ansí

llegó a los doce años de su edad, y en este tiempo murió su madre, que era muy cristiana y virtuosa mujer, y, en vez de ella, tomó por madre a Nuestra Señora, como ella misma lo dice, y ansí quedó con solo el padre en su casa, acompañada de una su hermana mayor y otros hermanos, y pasó ansí casi dos años hasta que entró en los catorce.

Crecían con la edad las virtudes, y su natural gracioso y amoroso y prudente, que se descubría en cada día más, la hacía señalada y amable entre todos; mas como no haya virtud que no tenga algún vicio que le parezca, ni cosa tan acertada que no pueda ser de inconveniente por alguna parte y respecto, y como los grandes bienes de ordinario estén muchas veces ocasionados a grandísimos males, fue ansí que en esta edad y comenzando a tener más vigor la razón, siendo querida de muchos, comenzó a no gustar de estar ascondida, y comenzó a abrir los ojos al mundo, y tomar favor de lo que en él se estima por algo, y a preciarse del aderezo y de las galas de mozas, y de la curiosidad en ello con alguna demasía y exceso. En lo cual ayudó mucho, o por mejor decir, le dañó la lección de algunos libros profanos a que la llevó su natural ingenioso, y la compañía y conversación de una doncella, deuda suya, no muy asentada, de que dice en su Vida: «Es Dios en todo maravilloso, que pudiendo conservar en un mismo tenor de bien a los que quiere hacer santos, y pudiendo hacer que conserven siempre limpia la primera inocencia, los deja desdecir de ella a las veces y permite que el demonio los prenda, y que entre sus dones se muestren nuestras flaquezas y males, para que no parezca la santidad cosa nacida y necesaria, sino cosa de libertad y en que puede hacer algo y deshacer el que es santo, y para que siendo la gloria toda de Él, les venga a los suyos parte de ella, y para que el demonio después de haber probado sus fuerzas sea vencido de las más flacas favorecidas de Dios, con que quede Dios glorioso y él confuso, viéndose al fin rendido de la una flaqueza que tantas veces rindió, que él tuvo rendida a sí muchas veces».

Por este camino llevó a David y a San Pablo y a la gloriosa Magdalena y a Santa María Egipcíaca y a San Agustín, y a otros santos muchos, dejándolos a tiempo caer para levantarlos después con mayor provecho suyo y nuestro; que en semejantes concebimos ánimo y esperanza para no desconfiar de Dios cuando nosotros caemos.

Mas nunca se asienta lo que no ha de durar; y lo que no dice con la hechura del alma y ingenio, aunque en ello nos ensayemos, se cae, y ansí fue que el alma de esta santa mujer, que la tenía Dios con particular señal para sí señalada, y en cuyo secreto seno, sin que ella misma lo viese, tenía el espíritu del cielo que hacía las partes de Dios y se le traía a la memoria, y se le figuraba, cuando menos se cataba, delante, y le hablaba de contino y a veces le voceaba; por el un breve tiempo venció aquella pequeña niebla que de la nueva vista del mundo y de sus cosas nascía, y como le acontece al Sol, cuando amanece, si el suelo está húmedo, que por el calor que sus rayos tienen levanta vapores, y por ser entonces pequeño el calor no los puede gastar; y ansí se esparcen como niebla y escurecen el aire, hasta que después, subido en lo alto del cielo y enviado de allí sus rayos con mayor fuerza, y como hiriendo a sobre mano la niebla, la vence; ansí en esta Santa, al amanecer de la luz, la razón tierna y no experimentada comenzó a sacar nieblas de la apariencia de las cosas del mundo que se le pusieron delante, hasta que, creciendo más y recibiendo sus fuerzas, las deshizo. Murió su madre antes de esto, en este tiempo que, como ella dice, era muy cristiana y virtuosa mujer.

Era muerta, como ya dijimos, su madre hacía más de dos años, y el padre, en este tiempo que había casado otra su hija mayor, que era del primer matrimonio, comenzó a descontentarse de las conversaciones y semejas que en doña Teresa veía; y aunque la amaba muy tiernamente y la apartaba con mucha pena de sí, pospuso su disgusto al bien de ella y púsola en un monasterio de aquella ciudad, muy encerrado, que se llama de Nuestra Señora de Gracia, de monjas de la Orden de San Agustín, religiosas mucho ansí en la opinión como en la verdad.

Criábanse en aquel monasterio otras doncellas y seglares y nobles. Y como una de ellas entró también allí la santa Madre, guiándola Dios maravillosamente, que saca siempre de los males bienes y atrae los suyos a sí por desviados y no conocidos caminos, porque el entibiarse en los deseos de la virtud la Madre Teresa y el desdecir de ella en alguna manera, que era como para apartarse de Dios, se convirtió por orden suya en atajar para llegarse a Él con más brevedad. Porque en casa de su padre, con el amor de él y el trato de los seglares parientes, nunca concibiera esta Santa el deseo ardiente de la religión que concibió en este monasterio que digo, adonde, aunque los primeros días sintió sinsabor porque el hábito de vanidad que se comenzaba a vestir y aquella secreta vida, no convenía; mas éste cayóse presto, como era postizo, y quedó libre y desnuda de él su buena compostura del alma, a quien era muy conforme y muy hecho a su gusto todo lo que en aquella santa casa se hacía; y ansí, en poco tiempo comenzó a gustar mucho de ella, y el espíritu de Dios que en su corazón se ascondía, en su alma, aprovechándose de la ocasión, comenzó a abrirle los ojos y a resucitar en ella los buenos deseos primeros; y con el trato de todas y señaladamente con las palabras santas de una de ellas, a cuyo cargo estaban las doncellas seglares, iba de día en día en su alma echando fuerza de espíritu; y el que antes de aquella entrada callaba y estaba como caído y rendido, se levantaba ya y hablaba en su corazón y hacía rostros y se oponía al sentido y a lo que la vida seglar y libre en él puesto había; y trataban entre sí los dos reñida y sangrienta pelea, porque el espíritu le pedía ser monja y el sentido le apartaba de ello, y porque tenía ya asentado en el alma el servicio de Dios, le decía que en la vida de los casados le serviría muy bien, y representándole muchas comodidades en ella; y ansí peleaban en su pecho, como en estacada o pelea, que metidos en campo estos dos movimientos, al principio más ayudaba al bueno los ejemplos santos que a los ojos allí de contino tenía, y con esto se mejoraba más cada día contra su combatidor.

Fue ansí, que en espacio de año y medio que allí estuvo, que fue hasta el quince y dieciséis de su edad, la que cuando entró aborrecía aún el pensamiento de monja, salió con deseos de serlo. Estuvo en aquel monasterio contenta y con general contentamiento de todas porque era de condición muy amable. Salió porque enfermó gravemente. Llevóla su padre primero a su casa, y de allí a una aldea adonde estaba casada su hermana, que era, como dijimos, medio hermana suya y mayor, y se llamaba doña María de Cepeda, y la amaba muy tiernamente.

Estaba en el camino un tío suyo, hermano de su padre, que se llamaba Pedro Sánchez de Cepeda, hombre viudo y que vivía retirado y muy cristiano y virtuoso, que parece le tenía Dios en el paso para, por su medio, encenderla más en sus buenos deseos y traer a perfección lo que Él labraba en ella, y el demonio impedía. Éste la detuvo consigo algunos días en que, con sus palabras que ordinariamente eran de Dios, y con las de los Libros Santos que le hacía leer, iba asentando en su alma un perfecto desprecio de la vanidad de esta vida, y a determinarse de ser religiosa, venciendo muchas contradicciones que el sentido y el demonio le hacían.

Tratólo con su padre, en que halló contradicción; buscó terceros que le persuadiesen lo mismo. Mas el amor que la tenía no le consentía apartarla de sí, por donde ella se resolvió en seguir el consejo de San Hierónimo y caminar a ejemplo; y, si menester fuese, hollar sobre el padre, que este poder tiene el espíritu que Dios enciende en las almas; no descansa, no repara en estorbo, no sufre dilación ni tardanza; por todo rompe, todo lo huella; esle fácil todo, porque es espíritu de caridad y de amor. Pues con esta resolución aguardó coyuntura y venida sin dar cuenta a nadie, llena de Dios, guiada y acompañada de un hermano suyo, que amaba, se fue al monasterio de la Encarnación, y tomó el hábito en él.

En este monasterio de la Orden de Nuestra Señora del Carmen —y es de los principales de aquella ciudad por su antigüedad y por el mucho número de religiosas que tiene— y creo yo y es monasterio a quien nuestro Dios ama con amor particular y muy grande, pues entre todos le quiso honrar y enriquecer con una joya tan rica. Inclinóse la Santa más a este monasterio que a otro, porque tenía en él una grande amiga suya, cuando fue de su parte, de ella movida de una afición natural que tenía a una religiosa de él que se llamaba Juana Juárez; mas de parte de Dios, fue el bien y aumento de aquella religión y orden que determinó Dios encaminarle por medio de aquesta su sierva.

No tenía dieciocho años cumplidos; no careció de misterio que el día que tomó el hábito fue el segundo de noviembre, que la Iglesia tiene dedicado para rogar por las ánimas, como significando Dios el bien de infinitas que nacería de aquella monja, que había de nacer de aquel hecho.

Monja, con dolor y soledad de su padre, y con alegría suya
y contento grandísimo, pasó el año del noviciado con entera
salud, amada de todas; porque, demás de la gracia natural
que tenía, que era para todas de condición apacible, éranle
también como naturales muchas de las virtudes que servían
para conservar la paz en común y que en los monasterios,
para vadearse bien, en ellos son de mucha importancia: no
murmuraba de nadie ni consentía que delante de ella se mur-
murase; de todo sentía bien, y, si conocía faltas, no las decía;
era humilde, por la misma razón libre de traer competencias;
discreta en su habla y conversable para sus compañeras; y,
como guardaba en cuanto era en sí las honras de todas ansí
todas la preciaban y honraban. Profesó, venido su tiempo, y
ofreció con los votos de la religión su corazón a Dios; que,
como pareció después, le fue gratísima ofrenda, y ansí comenzó a proceder en su estado y a crecer en virtud. Pero fal-
tóle la salud en este tiempo, porque poco después de profesa,
o que lo hizo la mudanza de la vida, o que a la verdad fuese
particular providencia de Dios que quiso poner freno a su
edad, le dieron unos desmayos tan grandes que le quitaban
del todo el sentido. Es cosa maravillosa considerar los bienes
que Dios sacó de estos desmayos, porque lo primero, fueron
causa que comenzase tener trato con Dios interior; porque
entendiendo en la cura de ellos el tío que dicho tenemos, la
puso en que tuviese oración, y le dio libros que le fuesen en
ella guía, como ella misma lo cuenta, también fueron causa
que ganase a Dios un alma de un clérigo, que andaba perdida
como también ella escribe; ejercitó ansimismo en la paciencia, que según fue la cura y los accidentes que de ella le que-
daron, grandísimos y prolijos los remedios y la convalecencia
larguísima, fue cosa señalada lo que padeció, y la igualdad
de ánimo con que lo padecía, que como los que bien edifi-

can, a la proporción del edificio que hacen levantar, ahondan siempre y hacen fuerte el cimiento, ansí Dios, porque levantaba en esta santa alma un soberano edificio, los cimientos que son de paciencia y humildad, quiso que fuesen grandísimos, y ansí lo hizo como vamos diciendo; porque, vuelta de la aldea adonde estaba su hermana y adonde del monasterio había ido a curarse; y la que salió con desmayos, vuelta, consumida y tullida, estuvo ansí en la enfermería de su monasterio tres años sin poderse mandar, hecha un ejemplo de humildad y paciencia: dice ella de sí, que en esta enfermedad unas veces se contentaba con ella, y otras se deseaba salud: era por llevar adelante el ejercicio de la oración de que había comenzado a gustar en la aldea, porque como Dios la tenía ordenada para bienes tan grandes, luego que comenzó a retirarse con Él y hablarle en su corazón a sus solas, le comenzó Él a hacer regalos tan grandes de que no se podía olvidar; porque sin duda es ansí, que el alma que ha hablado secretamente con Dios, sabido y gustado de su blandura y dulzor, si no pierde mucho por grandísima culpa suya el sentido, vive siempre que no le habla y conversa, como violentada y como peregrina y como disgustada en la tierra.

Y ansí la santa Madre Teresa, a quien Dios había comenzado a gustar el regalo de sus amorosos abrazos, sentía en medio de su tullidez y dolores, no los dolores y tullidez, sino el estorbo de la enfermería y del desasosiego y publicidad que en ella de fuerza había, que le impidió el secreto y sosiego que es mucho para recoger el espíritu. Mas como en éste no buscaba a sí, sino a Dios también, le resignaba su voluntad en ello y su gusto, y se contentaba con que Dios hiciese en ella el suyo.

Por cualquier manera, acabóse este trabajo y por medio del glorioso San José, a quien en aquella enfermedad tomó por devoto, fue Dios servido sanarla; y, sana, volvió luego a sus ejercicios primeros, y a los regalos de ellos en que pasó algunos años y días.

Érale al demonio muy odiosa la virtud y oración de esta santa, porque se le traslucía que Dios le iba armando en ella un mortal enemigo, y afrentábase de que con una mujer quisiese Dios destruirle y desterrarle y desposeerle de innumerables almas que él tenía por suyas; y ansí se ingenió y esforzó a hacer la guerra, y procurar, pues era mujer, que lo fuese ya enredándola en aficiones y conversaciones sin orden, aprovechándose para esto de sus naturales, que eran hechos para tratar y atraer a sí todos cuantos trataba.

Espanto es en este artículo ver y considerar la solicitud que ambos traían, Dios y el demonio. Dios, por hacerla suya; y el demonio, por apartala de Dios, metíala en las ocasiones por horas, y sacábala de ellas Dios por momentos. Traíale las personas que conforme su natural eran más de su gusto; y venía Dios, y, en medio de la conversación, descubríasele como agraviado y sentido; saboreábale las pláticas y el entretenimiento el demonio, y vuelta de allí a la oración, doblábale Dios en ella el regalo y favores del mundo, y como diciéndole que aquello de que se cebaba en la red era falso, y que su dulzor era verdadero dulzor, y que si gustaba de trato apacible y discreto, el suyo era mucho más discreto y dulcísimo; y como los que en competencia de otros tienen alguna afición, que se esfuerzan con mayores demostraciones de amor y con extraordinarios servicios a apartar de los otros y inclinar hacia sí las voluntades de aquellas personas que aman, ansí parecía que Dios se esmeraba en descubrírsele más, cuando el mundo y el demonio cebaba más y enredaba. ¡Oh soberano Amador de las almas, y como evo infinito en amor!

Pues guerreaban en el pecho de esta bienaventurada mujer estas dos aficiones, y los autores de ellas hacían sus diligencias cada uno por encender más la suya, y borraba el oratorio lo que la red escribía, y a las veces la red vencía y menoscababa los buenos frutos que la oración producía, de que resultaba agonía y congoja con que traía su alma inquieta y perpleja; que, aunque estaba resuelta en ser toda de Dios, no sabía desasirse del mundo, y a veces se persuadía a poder darse a manos con ambos, de que le sucedía casi de ordinario, como ella dice, no gozar bien de ninguno; porque en el entretenimiento del locutorio poníale acíbar la memoria del secreto y dulce trato que tenía con Dios, y, ni más ni menos, cuando con Dios se retiraba y comenzaba a hablarle, asían de ella las aficiones y pensamientos que cobraba en la red.

En esta lucha contina, el demonio, por vencer usó de maña con ella, y disimulando su engaño púsole en el pensamiento que era soberbia y desacato tener oración quien andaba tan llena de imperfecciones y faltas, y debajo de esta falsa humildad, quiso quitarle las armas con que resistía a su daño; y persuadióla en parte, y comenzó a abstenerse de la oración que solía; y por no parecer atrevida con Dios comenzó a ponerle en olvido y a huir del médico y la medicina, porque se sentía con llagas. Y hubiérale sido gran mal, si Dios, que la amaba, no la avisara con tiempo por medio de la enfermedad, en que como un año después de este su decaimiento y tibieza, cayó su padre y de que vino a morir a la fin; porque asistiendo a la cura ella, que se permitía en su Orden, y hallándose presente a la muerte, compungida, parte del dolor que le hacía y parte de la devoción y santidad que veía en él, determinó de confesarse con un religioso docto que había confesado a su padre; que dándole cuenta de lo que solía hacer y de lo que entonces no hacía, le mandó que tornase a la oración que dejaba, y le demostró cuán falsa humildad era no ponerse siempre delante del médico quien tenía siempre necesidad de remedio.

Obedecióle la Santa, y tornando a su primer ejercicio, nunca más le dejó. Tendría en este tiempo como veinticuatro o veinticinco años de edad, y llegó hasta casi los cuarenta y ocho perseverando en él y creciendo por él la luz de Dios en su alma. Crecía en humildad, en amor de soledad y recogimiento, en deseo de las cosas de Dios, en deleite en sus pláticas y, finalmente, en el afección de todo lo bueno, aunque juntamente con esto sentía en sí imperfecciones y faltas algunas que la traían asida en cierta manera y como cautiva, de que procuró y nunca se podía librar; hasta que, como ella misma refiere, cansada ya de una tan larga pelea y, conocida la poquedad de sus fuerzas, y ansí desconfiada de ellas y de toda su industria, por ocasión de una imagen que vio de Cristo muy herido y llagado, movida de Él y ardiendo en su amor y hecha un río de lágrimas, rasgó del todo en su presencia el alma, dando bien ancha puerta a su gracia para que, entrando en ella, arrancase y edificase y plantase. Decía, postrada delante de él, que no se levantaría de allí hasta que la fortaleciese en su amor; pedía al que la solicitaba a pedir, y como otra Magdalena alcanzó del piadoso Señor lo que demandaba y pedía. Porque de allí salió otra, renovada y fortalecida en espíritu, y como se llegaba ya la sazón de las obras maravillosas para que desde su eternidad la tenía Dios escogida, comenzó a apurarla de cada día más y a volver hacia sí todos sus pensamientos y deseos y obras, favoreciéndola con extraordinarias mercedes. Porque en la oración, que era su contino ejercicio, comenzó a sentir de ordinario una presencia de Dios de tantas eficacia, que sin ver nada no podía dudar de ella en ninguna manera, y juntamente con esto suspendíansele muchas veces en la oración las potencias; y sin poder discurrir gozaba de una grandísima suavidad y deleite, que le dio alegría y contento al principio, mas luego le comenzó a ser ocasión de cuidado y temor, porque entendía que era sobrenatural lo que en esto sentía, y ansí conocía que era alguna virtud superior la que lo obraba.

Y ansí, movida de su humildad que le representaba sus faltas, y conociéndose por indigna de que Dios la tratase, comenzó a temer si era una ilusión del demonio; y fue orden de Dios que temiese, para muchos bienes que de este miedo sacó; porque, lo primero, le fue causa este temor de más cuidado en su vida y en la pureza de su alma y consciencia; y lo segundo, forzóla a comunicarse con hombres doctos y espirituales que la perfeccionaron del todo; y lo tercero, dio por este camino Dios noticia a los hombres del tesoro que para provecho público en aquel alma tenía.

El primero con quien comunicó sus temores fue con el maestro Daza, un clérigo religioso que en aquel lugar entonces florecía en opinión de virtud. A éste habló por medio de un caballero, grande cristiano, que se llamaba Francisco de Salcedo, natural también de Ávila, a quien esta santa mujer conocía. Trataban ellos dos el negocio entre sí, y juntando con los gustos que en la oración recibía las imperfecciones y faltas que ella decía de sí, no se persuadían que era Dios quien le hacía mercedes; y, a la verdad, no cayeron en la cuenta de la condición y del ingenio de Dios, que, como es médico, visita alegremente a su enfermo, y como su trato es causa de mejoramiento y de vida mejora los suyos entrándose por sus puertas y haciéndoles particulares mercedes.

Al fin se resolvieron en esto, con que creció más en ella el temor y la perplejidad de lo que le convenía y cumplía, porque su indignidad le hacía temer. La luz de Dios, al tiempo que gozaba de ella, le aseguraba con confianza; no osaba fiarse de sí; los que le daban consejo no sabían dárselo porque no la entendían; dejar la oración era dejar su remedio; proseguir en ella con aquella sospecha era ponerse a peligro; contentarse con meditar y rezar no estaba en su mano, porque la presencia que Dios le hacía, en volviéndose a ella, la suspendía y llevaba a Sí mismo con fuerza grandísima. Padecía, pues, la Santa, peleando en ella, por una parte, la humildad y el temor y el crédito que daba a sus padres, y, por otra, la luz de Dios y su fuerza, y el provecho y bien de su alma; porque no solo sabía que le iba la vida de ella en no dejar la oración; mas experimentaba que con la que tenía se aprovechaba de cada día más y crecía. Tomó por remedio velar más sobre sí y guardar las leyes de Dios con más diligencia, asegurándose que con esto, si era Dios, le hallaría más cerca, y si mal espíritu no la podría engañar; y ordenólo Dios ansí para sacar este bien de aquel miedo y para por aquel camino llevarla a que buscase maestros de espíritu experimentados en aquel arte, por cuyo medio se mejorase más y se perfeccionase del todo.

Habían por aquel tiempo fundado en aquel lugar los Padres de la Compañía, y decíase de su religiosa vida mucho y del provecho que hacían y de los ejercicios de oración que tenían. Persuadióla el caballero que dicho tengo, los llamase y se comunicase con ellos, dándoles noticia entera de su vida y consciencia; que si bien tenía para sí ser demonio, no por eso la desamparaba ni dejaba de visitar; antes, movido a piedad, imaginando que algún mal espíritu se trabajaba por engañarla con envidia de su bondad y virtud, se desvelaba él por ayudarla contra él y por allegarle socorro. El que dio el consejo puso también los remedios, y negoció con uno de la Compañía que la confesase y tratase; que, como buen médico, luego que le tocó el pulso conoció que era buen espíritu el que andaba con ella, y profetizó lo que fue después que la escogió Dios para por su medio ganar las almas de muchos. Y ansí la aseguró lo primero; y, como maestro, después la fue gobernando los pasos, porque como había comenzado sin maestro, andaba muy en los fines no habiendo puesto en algunos principios los pies. Enseñóle a mortificarse en muchas cosas; a quitar de sí todo lo demasiado y superfluo; a ejercitarse en cosas de aspereza. Resistió cuanto le fue posible a aquella suspensión y recogimiento de espíritu, forzando el entendimiento a que hiciese pie en alguna consideración provechosa, y señaladamente le puso la humanidad de Cristo delante, puerta cierta y camino único por do llegan a Dios las almas, para que siempre la meditase y amase.

Obedecióle alegremente en todo lo que fue de su parte: en el resistir al movimiento que en su espíritu hacía Dios, no bastaban sus fuerzas, y de allí adelante mucho menos; que como se disponía más, como en sujeto más dispuesto, obraba con más fuerza en ella los movimientos del cielo.

Pasó con este recogimiento dos meses, y después de ellos acertó a venir allí a la Compañía el padre Francisco, duque que fue de Gandía; el General de la Compañía, que era entonces el que había sido duque de Gandía, y llamábase el padre Francisco, que la quiso ver y conocer por la noticia que el Padre que la confesaba le dio. Vista y entendida, sintió que era obra grande de Dios, y ansí la consoló y la esforzó y aconsejó que comenzase siempre su oración meditando en algún paso de Cristo; mas que si Él la suspendiese y recogiese ella, se dejase llevar de Él sin hacer resistencia.

Quedó alegre la Santa con esto, aventajando lo pasado y alargando siempre más el paso en el bien, y apartando de sí aquello a que solía tener afición. Mas no era tanta su priesa en disponerse, cuanta era la diligencia de Dios, no solo en ayudarla secretamente, mas también en mostrarle descubiertamente cuánto la amaba; y ansí fue que, pocos días después, la comenzó a hablar muy tiernamente en el alma, que es un lenguaje secreto de que Dios usa con los que tiene por suyos, y unas palabras que no se oyen con los oídos, mas percíbense en el espíritu tan formadas y distintas y claras, que no puede dudar de ellas ni olvidarlas en muchos días; de que hay algunas diferencias que declara bien esta santa Madre en sus Libros, pues hablóla Dios y fue bien suya la primera palabra, porque le dijo: Ya no quiero que tengas conversaciones con hombres, sino con ángeles; y como su decir es hacer, ansí le borró del alma todas las aficiones del mundo, que halló luego hecho en sí lo que deseaba ver hecho, y lo que procuraba mucho hacer y lo hallaba casi imposible. Y ansí, como criada de nuevo por la palabra del que con ella cría y renueva las cosas, comenzó a vivir en este mundo, cuanto al trato e inclinación interior, como si en él no viviera, y a tener como ajenas y extrañas de sí todas las cosas que no eran Dios o no caminaban a Él; y verdaderamente, como lo que se dijo a la Esposa: Leclántate y apresúrate, amiga mía, paloma mía, hermosa mía, que ya pasó el invierno y fuese, con que el Esposo la clama y llama a tratar consigo él a la soledad de los campos, ansí con aquella palabra la apresuró Dios a Sí mismo y la sacó y desasió de aquesto visible; y en medio del mundo la puso consigo solo, convirtiéndola en desierto y yermo la vida, y haciéndola Él compañía bienaventurada y dulcísima; porque de ordinario, desde aquel día, la visitó con sus hablas, unas veces regalándola y otras avisándola de lo que a su servicio cumplía, con un trato tan amoroso que pudiera espantar si el suceso de él no nos declarara agora lo que allí pretendía Dios para salud de las almas.

Mas siempre andan como hermanados la cruz y las mercedes de Dios; y siempre junta con su favor algún grande trabajo, porque nuestro natural lo pide ansí, que se desvanece de presto; pues estas hablas y regalos nuevos la pusieron en grandísimo aprieto, porque su confesor, a quien daba de todo cuenta y que era ya entonces otro Padre de la Compañía, que era entonces el padre Prádanos, porque había mudado al primero, mostró tener gran temor; y comunicándolo él por su parte y ella por su Orden con otros, todos sintieron mal de estas hablas. Y permitía el Señor que se engañasen ansí para excitar y perfeccionar más la obediencia y humildad de su sierva; porque pareciéndoles a muchos de ellos que era demonio, y diciéndoselo, aunque la luz que sentía y el provecho que en ella hacían las pláticas la aseguraban, pero la autoridad y los dichos de tantos criaron temor en ella grandísimo; y nacía inquietud del temor, y andaba como en contino tormento con lo uno y lo otro. Y no solo padecía por esta forma en su alma, mas en la opinión de muchos de fuera andaba como afrentada y notada; porque comunicando unos a otros como cosa nueva el secreto, de mano en mano se comenzó a extender en muchos, que comenzaron a avisarla con miedo. Y unos huían de ella; otros avisaban a su confesor que huyese; y otros, si la habían lástima, sospechaban mal de su vida, y veníales al pensamiento si era por dicha castigo de algunos grandes pecados secretos.

Finalmente, con la imaginación del demonio, se les figuraba que ella misma lo era; y pegábase de la imaginación de los otros, según era reconocida y humilde imaginando ella casi lo mismo de sí, y temerse a sí misma y procurar no estar sola; y aunque su confesor nunca la desamparó, pero vino a mandarle que no se recogiese en secreto, y que no se dejase suspender cuando oraba; que, finalmente, no orase mas quien sacara de las manos de Dios las almas que Él ama.

Obedecía la Santa, y por no perder a Dios cortaba, como le decían, cuanto podía las ocasiones de sus hablas, y vencía a su mismo juicio y sentido por seguir con humildad lo que el confesor le decía; y con eso mismo le hacía más hermosa en los ojos de Dios y le atraía más a así, y enamorado y vencido de obediencia y humildad tan perfecta, por donde, si ella huía, Él la buscaba; y si excusaba el oratorio por no verse con Él, Él venía a hablar con ella en la clausura; y si no se recogía por no sentir sus palabras, en medio de la conversación de las monjas la retiraba súbitamente hacia Sí y se las decía dulcísimas. Que se puede decir pasó casi dos años padeciendo intolerable tormento, andando como espantada y turbada, diciéndole los más era demonio; temiendo lo mismo ella de sí; viéndola unos y abominándola otros; dejándola desamparada todos en las manos de muy crueles congojas, a términos vino que, faltándole ya las fuerzas un día y deshaciéndose en lloro, estuvo casi cinco horas sola y revolviendo en su alma mil miedos sin hallar en ninguna cosa consuelo.

Mas el que es Verdadero, llegado a este extremo, la aseguró y consoló, porque hablándole al alma le dijo: No hayas miedo, hija, que Yo soy y no te desampararé, no temas; que fue de tanta eficacia que, súbitamente, no solo le quedó el alma serena, pero tan cierta de que era de Dios y animosa para no temer al demonio, que hollara sin miedo sobre él. Pero no mucho después le vinieron nuevos miedos con nuevas y mayores mercedes, porque un día de San Pedro, estando en oración, sintió cabe sí a Nuestro Señor Jesucristo, no porque le viese con los ojos corporales ni menos con visión imaginaria, sino porque Él mismo le hacía entender que estaba allí sin mostrársele; y esto era tan cierto que no le dejaba duda de ello ninguna. (Pasa esto en lo muy interior y es negocio muy intelectual, y por la misma razón negocio de menos sospecha y engaño, y hácese con mucha luz espiritual, que recoge a lo interior al alma y la infunde aquella noticia y se la imprime sin medio de figuras ni de sentidos.)

Mas no lo sabía la Santa entonces, y la novedad de ello le causó gran espanto luego al principio que la comenzó a fatigar nuevamente. Díjolo a su confesor, a quien también le hizo gran novedad por no tener experiencia; mas procedió cuerdamente, no atemorizándola, sino llevándola siempre a la mayor perfección, con que iba segura, aunque otros que no tuvieron noticia alguna desto no lo estaban, y mucho menos poco después; porque, continuando el Señor las mercedes, vino a descubrírsele a los ojos del alma en visión imaginaria que llaman, mostrándole su humanidad sacratísima con increíble deleite del alma, que la veía, y con aprovechamiento grandísimo. Esto fue muchas veces, y a los principios de ellas el confesor ordinario temía; y otro con quien se confesaba en su ausencia temió más y se resolvió ser demonio, y conforme a ello le mandó hiciese la señal de la cruz, si lo viese, y le diese higas. A lo cual todo obedecía, porque sabía que agradaba a Dios en obedecer, aunque padecía grande tormento en ello, porque las visiones eran tales que ellas mismas hacían seguridad de sí mismas. Mas pasaba con obediencia y sufría lo que otros decían y sospechaban mal de ella; y vino a tiempo que trataban de conjurarla como si tuviera demonio; pero, al fin, subió la luz en su lugar y deshizo la niebla y declaróse tanto la verdad con el mejoramiento que criaba Dios por medio de aquellas mercedes en aquella santa alma, que se vino a conocer con los ímpetus de amor que era Dios; aunque no por eso dejaba de comunicar con letrados todo lo que le pasaba por ello —que en eso tuvo vigilancia grandísima—, ni menos de hacer todas las diligencias que para más certificarse cumplían. Y entre otras fue ésta: vino por aquel tiempo a Ávila el padre fray Pedro de Alcántara, descalzo franciscano, de grande oración y espíritu, de vida santísima y conocido de todo el reino: por tal no le conocía entonces la Madre, mas conocíale mucho doña Guiomar de Ulloa, mujer viuda y noble señalada de aquel lugar, y que tenía grande amistad con la Santa, y con quien ella, por dicho de su confesor, comunicaba su temor y aflicciones, porque era persona de mucha oración y virtud y en quien siempre halló esfuerzo y consuelo, porque Dios le daba luz para conocer la verdad de lo que era. Pues ésta, pareciéndole que tenía en casa el maestro, porque la santa Madre mejor pudiese comunicarse con él, hizo con su Provincial se la diese para tenerla en su casa ocho días, en que se comunicó con el santo fraile, dándole entera cuenta de todo lo que en el alma sentía. Los buenos espirituales luego se conocen unos a otros; y por lo que sabía de Dios por experiencia muy larga, luego le conoció claramente en la Madre, y ansí se lo dijo, y la aseguró de sus temores y la dejó con mucho consuelo; bien que su humildad y recato no consintió que se despidiese el temor del todo, o por decir la verdad, no quería el Señor que anduviese sin él, por humillarla con él y traerla sujeta siempre, de manera que la grandeza de las visiones que traía no le desvaneciesen en algo, y hacía contrapeso con el miedo que la mantenía en el fiel. Y ansí, como perseveraba el temor, perseveraban las diligencias.

También hizo una entre otras. Vino, como es costumbre en el Santo Oficio, a la visita ordinaria de aquella ciudad el licenciado Salazar, que después murió obispo de Salamanca; determinóse a comunicar con él lo que sentía en su espíritu, pareciéndole que aquello era dar cuenta de sí a la Iglesia y esperar su juicio para gobernarse por él. Oyóla con atención, y respondióla después que aquello no pertenecía a su tribunal, a quien solamente toca castigar y enmendar lo que es culpa; que si era Dios, era grande merced suya; si demonio, era pena que padecía como no se dejase llevar a lo malo, si acaso se lo persuadiese o enseñase; pero diola consejo que pusiese en un papel en escrito todo lo que sentía y oía, y que lo enviase al maestro Ávila, que vivía en Andalucía y florecía entonces con grande opinión de virtud, que era hombre de muchas letras y espíritu, y la entendería mejor. Aprobaron este consejo sus confesores, y ansí, por orden de todos, puso en escrito su vida y el suceso de ella y su espíritu, con todo lo que interiormente sentía; y hizo una relación clara y entera, aunque algo breve, que después de algunos años la escribió con más distinción, según que anda ésta impresa; y esta suma que digo la envió al Maestro con cartas de algunos conocidos suyos, que le pedían la viese y dijese su parecer. Viola y respondióle por escrito, y en lo que la escribió dice de esta manera:

En los raptos hallo las señas que tienen los que son verdaderos. El modo de enseñar Dios al alma sin imaginación y sin palabras interiores ni exteriores es muy seguro, y no hallo en él en qué tropezar, y Sant Agustín habla bien de él. Las hablas interiores y exteriores son las menos seguras; el ver que no son del espíritu proprio es cosa fácil; el discernir si son de espíritu bueno o malo es más dificultoso. Danse muchas reglas para conocer si son del Señor, y una es que sean dichas en tiempo de necesidad y de algún gran provecho, ansí como para confortar al hombre tentado o desconfiado y para algún aviso de peligro, porque como un hombre prudente no habla palabra sin mucho peso, menos las hablará Dios; y mirado esto y ser las palabras conformes a la Escritura divina y doctrina de la Iglesia, me parece las que en el Libro están ser de parte de Dios.

Y añade luego:

Visiones imaginarias o corporales son las que más duda tienen; y éstas en ninguna manera se deben desear, antes se han de huir todo lo posible, aunque no por medio de dar higas, si no fuese cuando de cierto se sabe ser espíritu malo; que, cierto, a mí me hizo horror las que en este caso se dieron. Debe el hombre suplicar a Nuestro Señor no le lleve por camino de ver, sino que la buena vista suya y de sus santos guarde para el cielo.

Y torna a decir:

Mas si, todo esto hecho, duran las visiones y el ánima saca de ello provecho, y no induce su vista a vanidad, sino a mayor humildad, y lo que dicen es doctrina de la iglesia y tiene esto por mucho tiempo y con una satisfacción interior que se puede tener mejor que decir, no hay para qué huir de ellas; aunque ninguno se debe fiar en su juicio en esto, sino comunicarlo luego con quien le pueda dar lumbre. Y éste es medio universal que se ha de tomar en todas estas cosas, y esperar en Dios; que, si hay humildad para sujetarse al parecer ajeno, no dejará engañar a quien desea acertar.

Y dice:

Y no se debe nadie atemorizar para condenar de presto estas cosas, por ver que la persona a quien se dan no es perfecta; porque no es nuevo a la bondad del Señor sacar de malos gustos y aun de pecados y graves, con darles muy dulces gustos suyos según lo he yo visto. ¿Quién pondrá tasa a la bondad del Señor, mayormente que éstas no se dan por merecimiento ni por ser uno más fuerte, antes a algunos por ser más flacos, y, como no hacen a uno más santo, no se dan siempre a los santos?

Y prosigue diciendo:

Ni tienen razón los que por solo esto descreen estas cosas, porque son muy altas, y parece cosa increíble bajarse la Majestad infinita a comunicación tan amorosa con una su criatura. Escrito está que Dios es amor; y si Amor, es amor infinito y bondad infinita, y de tal Amor y bondad no hay que maravillar que haga tales excesos de amor que turben a los que no le conocen; y aunque muchos le conozcan por fe, más la experiencia particular del amoroso y más que amoroso trato de Dios con quien Él quiere, si no se tiene, no se podrá bien entender el punto donde llega esta comunicación, y ansí he visto muchos escandalizados de ver las hazañas de Dios con sus criaturas; y como están de aquello muy lejos, no piensan hace Dios con otros lo que con ellos no hace.

Y finalmente concluye:

Paréceme, según en este Libro consta, que vuestra merced ha resistido a estas cosas, y aun más de lo justo: paréceme que le han aprovechado a su alma, especialmente le han hecho más conocer su miseria propria y faltas, y enmendarse de ellas. Han durado mucho y siempre con provecho espiritual; incítanla a amar a Dios y a su proprio desprecio y a hacer penitencia. No veo por qué condenarlas; inclínome más a tenerlas por buenas.
Con esta respuesta, por ser de hombre tan ejercitado y tan docto, procedió con más seguridad, aunque siempre con avi-

so y cautela, entendiendo que con los que habla Dios y les da semejantes visiones, a veces también se disimula el demonio, y se finge luz y quiere remedar lo que Dios hace; bien que, por más que se disimule, siempre se diferencia en cosas claras a los que tienen la experiencia que la Madre tenía, la cual, sin eso, comunicaba siempre lo que sentía, y pedía siempre consejo y le seguía, aunque fuese contra lo que sentía su espíritu. Y es señalado ejemplo de esto lo que le aconteció en el monasterio de Beas, cuando se partió para fundar en Sevilla: que estando en su monasterio de Beas, antes que fuese a la fundación de Sevilla, que como la llamasen de Caravaca para ir a fundar allí y el padre fray Hierónimo Gracián, que era comisario apostólico, la mandase ir primero a Sevilla, aunque le había dicho a su espíritu los inconvenientes que había, siguió la obediencia y fue profetizando a algunas de sus hijas —como lo sé de las mismas— los trabajos que se seguirían de esta ida al mismo, que los forzaba que fuese, que sucedieron ansí como se dirá en su lugar.

Ansí que, alegre con lo que le escribió el Maestro Ávila, y mirando siempre por sí como quien camina con temor de ladrones, y guiándose con la obediencia, proseguía su camino, segura, creciendo Dios en las mercedes y ella en las virtudes y amor; porque, vencida de Él, pensaba de contino cómo agradaría más a quien tanto debía, y ofreciéndosele que lo primero era ser perfecta en su estado, guardando que era su llamamiento proprio perfectamente la primera perfección de su Orden, que en su monasterio y en los demás de ella, estaba entonces caída por razón de una regla mitigada que llaman, que en los años les concedió, condescendiendo con ellos y templando el primer rigor de su regla.

Pues ofreciéndole esto, comenzó a tratar consigo misma cómo podría hacer una casilla pobre, en que, apartada, cerrada con pocas, viviese como deseaba vivir. Metíala en este pensamiento el amor; mas sacábanla luego de él las mil imposibilidades que había: una era el alcanzar la licencia; otra, la posibilidad para el edificio y fundación de la casa; otra, la novedad del hecho y el decir de las gentes; otra, quién la querría seguir, y otra, el suceso de las que seguirla quisiesen. Pero como no era ella el autor, tornaba por horas el pensamiento y deseo, y siempre más encendido, porque el Señor que le ponía le apresuraba, conociendo que se llegaba el tiempo determinado por él.

Comunicólo a doña Guiomar de Ulloa, la que arriba dijimos, que le salió a ello bien y le ofreció algunas cosas que parecían ser de provecho; y comenzaron ambas a encomendarlo muy de veras a Dios, que quería hacerlo y ordenaba que se lo rogase y pidiese su sierva para merecimiento de ella, y para ansí hacerla más hábil para eso mismo que se pretendía y pedía. Y fue ansí que un día, andando en estos hervores y suplicaciones, acabando la santa mujer de comulgar y estando en sí recogida, la dijo claramente el Señor que se servía de que se hiciese la casa; que tratase de ella sin desmayar, porque se haría sin duda y sería muy de su servicio; y estrella que extendería sus rayos, y primeramente, con esto para ella y en ella, le aseguró de su ayuda y de su particular guarda y defensa por medio de la Virgen Santísima y del bienaventurado San José, su esposo glorioso.

Animóse mucho con esta habla y en su espíritu, aunque el sentido se encogía sintiendo la desnudez que seguía, porque se le asentó en el corazón por muy cierto, y comenzó a desasirse con ello de algunas cosas que le hacían agradable la vivienda de su monasterio, y aunque se le representaban las dificultades que había y los trabajos y contradicciones que le podían venir; pero vencía la voluntad del Señor, el cual no solo aquella vez, mas otras muchas se lo decía, y le mandaba que lo dijese a su confesor y que la favoreciese en ello, que Él lo mandaba. Hízolo y contóselo extensamente todo, que le puso en confusión porque ni le parecía justo contradecirlo ni hallaba cómo ayudarlo poner por obra, porque parecía imposible. Resolvíase en que lo dejase a su Provincial, y que sería regla lo que le respondiese. Era el Provincial hombre muy religioso, que se llamaba fray Ángel de Salazar, y diole cuenta de ello doña Guiomar, diciendo la comodidad que tenía; y parecióle bien al Provincial y dijo les daría licencia. Y fray Pedro de Alcántara, con quien lo comunicaban también, lo aprobó con mucha alegría; mas duró poco ésta en la Madre, porque luego que en el pueblo se comenzó a entender su propósito, o el demonio que adivinaba su daño, o la condición natural de los muchos que son grandes y ingeniosos consejeros en lo que menos les toca, despertó tantos dichos contra las santas mujeres, tantos juicios, tantas mofas, tantos pareceres diversos, que no solo lo general del pueblo se le mostraba contrario, mas también los hombres doctos y espirituales, del que muchas veces son demasiadamente prudentes, lo contradecían tanto que vino el negocio a caso de duda, no solo de si se haría más, de si era lícito hacerse; y a doña Guiomar le quitaron por esta causa la absolución, que para su condición natural y sus escrúpulos fue cosa de trabajo grandísimo.

Residía por aquel tiempo en Ávila un padre dominico, presentado en su Orden y tenido en aquel pueblo en grande posesión de letrado, llamado fray Pedro Báñez, que hasta entonces no había entrado ni salido en aqueste negocio. A éste dieron parte de él las dos; y puesto y con palabras de estar por lo que él les dijese, aunque ninguna de ellas se persuadía que no había de ser; mas habláronle con determinación de seguirle, y él se encargó de ello y pedía espacio, y como después de ir contra ello, de hacerles estorbo; mas como Dios, que había determinado lo que había de ser y que escogía este mismo padre por medio para que fuese, mudóle de manera en el plazo de los ocho días que había pedido, que juzgó no solo poderse hacer, mas ser muy conveniente que se hiciese, y obra en que mucho Dios se serviría; y ansí lo respondió, y juntamente les enderezó en la manera como mejor se haría, y tomó a su cargo la defensa para contra todos los que lo contrario sintiesen; que aunque hasta allí era casi todos, desde allí adelante hubo algunos que comenzaron a ser de su parte, y ansí concertaron de comprar una casa y la tuvieron concertada y a punto de ordenar la escritura, cuando, apretando de nuevo el demonio su obra y escureciendo con razones aparentes y de prudencia humanas los ánimos y los juicios de muchos, y a otros abriendo las bocas en el odio que por su dañado ánimo tienen al bien, y dándoles colores honestos, levantó tanta grita y figuró la causa en los oídos del Provincial que dijimos, de tan mala manera que no se atrevió a llevar su parecer adelante, y mudó la voluntad y ansí lo dijo y se resolvió.

Libros a la carta

A la carta es un servicio especializado para
empresas,
librerías,
bibliotecas,
editoriales
y centros de enseñanza;
y permite confeccionar libros que, por su formato y concepción, sirven a los propósitos más específicos de estas instituciones.

Las empresas nos encargan ediciones personalizadas para marketing editorial o para regalos institucionales. Y los interesados solicitan, a título personal, ediciones antiguas, o no disponibles en el mercado; y las acompañan con notas y comentarios críticos.

Las ediciones tienen como apoyo un libro de estilo con todo tipo de referencias sobre los criterios de tratamiento tipográfico aplicados a nuestros libros que puede ser consultado en Linkgua-ediciones.com.

Linkgua edita por encargo diferentes versiones de una misma obra con distintos tratamientos ortotipográficos (actualizaciones de carácter divulgativo de un clásico, o versiones estrictamente fieles a la edición original de referencia).

Este servicio de ediciones a la carta le permitirá, si usted se dedica a la enseñanza, tener una forma de hacer pública su interpretación de un texto y, sobre una versión digitalizada «base», usted podrá introducir interpretaciones del texto fuente. Es un tópico que los profesores denuncien en clase los desmanes de una edición, o vayan comentando errores de interpretación de un texto y esta es una solución útil a esa necesidad del mundo académico.

Asimismo publicamos de manera sistemática, en un mismo catálogo, tesis doctorales y actas de congresos académicos, que son distribuidas a través de nuestra Web.

El servicio de «libros a la carta» funciona de dos formas.

1. Tenemos un fondo de libros digitalizados que usted puede personalizar en tiradas de al menos cinco ejemplares. Estas personalizaciones pueden ser de todo tipo: añadir notas de clase para uso de un grupo de estudiantes, introducir logos corporativos para uso con fines de marketing empresarial, etc. etc.

2. Buscamos libros descatalogados de otras editoriales y los reeditamos en tiradas cortas a petición de un cliente.